20대의 정체성

차례
Contents

왜 젊은 세대에 주목하는가

선사시대 동굴 벽화에도 '요즘 젊은 아이들은 버릇이 없다.'고 써있다는 이야기나 "요즘은 쌍둥이도 세대차이가 난다."는 농담은 세대차이를 논할 때마다 거론되곤 하는 고전적인 레퍼토리다. 새로운 세대를 가리키는 단어만 해도 이루 헤아릴 수 없이 많은데, '비트족' '디지털세대' 등 문화적 성향을 꼬집어 분류한 세대뿐 아니라 'X세대' 'Y세대' 'N세대' 'W세대' 등 기성세대의 논리와 질서를 전복시킬 것으로 예견되어온 세대도 있다. 이렇게 몇 해를 주기로 바뀌어온 '~세대'라는 규정은 한국사회 젊은이들의 급격한 의식변화를 기존세대와 구별하려는 시도로 이해할 수 있다.

그러나 돌이켜보면 이러한 '세대현상'이 갑자기 등장한 것은 아니다. 멀게는 1960년대 4·19혁명을 경험한 '4·19세대'로부터 1970년대의 통기타 세대로 규정되는 '구세대'와 '30대이면서 1980년대에 대학을 다니고 1960년대에 출생한 사람들'을 일컫는 '386세대'에 뒤이어 1990년의 '신세대'와 'X세대' 'Y세대'를 거쳐 지금의 'N세대' 'W세대'까지, 사회현상과 맞물린 세대현상은 한 세대의 특징을 상징적으로 나타내고 있다. 이들을 어떻게 부르든, 젊은 세대는 그 명칭에 관계없이 이전 세대와는 무엇인가 다른 특성을 지니고 있다는 점에서 늘 관심의 대상이 되어왔다.

특히 1990년대 초반에 등장한 '신세대'는 세대에 관한 논의를 보다 증폭시키는 계기가 되었다. '신세대'는 말 그대로 새로운 세대를 뜻한다. 따지고 보면 '신세대'가 아니었던 사람은 없겠지만, 1990년대 이후 우리 사회에서 '신세대'가 유난히 강조되었던 데는 이유가 있다. 무엇보다 '신세대'와 이전 세대가 가지고 있던 사고방식이나 행동양식의 차이가 너무 컸을 뿐 아니라, 이전 세대와 단절된 '신세대'의 속성이 두드러지게 나타났기 때문이었다.

1990년대 초반의 'X세대'에서부터 2002년의 'W세대'에 이르기까지 젊은 세대를 표현하는 용어는 헤아릴 수 없을 만큼 많다. 젊은 세대들은 자신을 표현하는 방식이나 문화에 있어서 시대별로 약간의 차이를 보이기는 하지만, 기성세대와는 확연히 구분되는 특징을 갖고 있다는 공통점이 있다. 젊은 세대에 대한 지금까지의 논의는 이들이 기성세대와 달리 소비지향적이며 변화나 자극에 민감하고, 이기적인 특성을 가지고 있다는 것에 초점을 맞추는 것이 일반적이었다. 기성세대는 젊은 세대의 이러한 특성에 우려를 나타냈지만, 기업에서는 이들의 감성을 자극하기 위한 마케팅에 열을 올리기도 했다.

젊은 세대는 2002년 월드컵과 촛불시위 및 대선을 통해서 다시 관심을 받게 되었다. 젊은 세대의 폭발적인 에너지가 월드컵 응원과 촛불시위에서 엄청난 위력을 발휘했기 때문이다. 지난 2002년, 이들은 인터넷을 통해 결집하여 6월의 월드컵 길거리 응원축제와 12월의 촛불시위에 자발적으로 참여함으로써 하나의 단체가 되었다. 그리고 이러한 참여를 통해 얻은 도취감과 자신감이 이들의 응집력을 더욱 상승시키는 효과를 낳았다고 볼 수 있다. 2002년 월드컵 당시 전국의 거리를 빨갛게 물들인 응원행렬을 본 기성세대들은 붉은 악마를 대표하는 빨간색을 보면서 '레드 콤플렉스의 극복'이라는 거창한 의미를 달았다. 하지만 젊은 세대에게 빨간색은 좌파 이데올로기의 상징이라기보다는 어릴 때부터 접해온 코카콜라와 산타클로스의 이미지에 더 가깝다. 따라서 이들에게 기성세대의 위와 같은 의미부여는 호들갑으로만 보일 뿐이었다.

지난 제16대 대통령 선거를 분수령으로 우리 사회의 주류가 변하고 있다는 주장도 젊은 세대에 대한 관심을 증폭시켰다. 자신을 당당히 드러내고 참여와 수평적인 네트워크가 몸에 밴 2030세대가 새로운 사회세력으로 떠오르고 있다는 지적도 이와 같은 맥락에서 이해할 수 있다. 정치적 무관심(20대)

과 역사적 패배의식(30대)에 짓눌렸던 세대가 언제 그랬냐는
듯 한목소리로 한국사회의 전면에 나섰기 때문이다.

사실상 2002년 한국정치에서는 '세대'가 무엇보다 중요한
변수로 떠올랐다. 오직 '지역'이라는 절대적인 변수가 결정적
이었던 선거에서 '세대'라는 새로운 변수가 나타난 것이다. 세
대가 이처럼 선거에서 독립적인 변수로 떠올랐다는 것은 주목
할 만한 변화다. 왜냐하면 그전까지의 선거에서는 오직 '지역'
이라는 한 가지 변수만 있었을 뿐, 계층, 정책, 이데올로기 등
다른 모든 변수는 별 영향력이 없었기 때문이다.

2002년 12월 대선이 끝난 후, 언론은 20~30대의 영파워에
주목했다. 그동안 자기 자신의 문제에만 지나친 관심을 보이
며 사회개혁이나 정치적 사안에는 무관심하다는 비판을 받아
왔던 젊은이들이 대선이라는 중요한 역사적 길목에서 새롭고
중요한 역할을 담당했기 때문이다. 사실 지난 대선은 자신의
의사를 분명히 밝히고, 참여와 수평적인 네트워크가 몸에 밴
N세대의 특징이 가져온 인터넷의 승리였다고 볼 수 있다. 월
드컵응원과 촛불시위 등에서 큰 역할을 했던 인터넷은 지난
대선에서도 막강한 힘을 발휘했다. 인터넷 속에서 놀고만 있
던 것 같던 젊은 세대들이 마침내 골방에서 벗어나 보다 적극
적으로 의사를 표현하기 시작하여, 선거 이벤트 한마당에서
그들의 에너지를 발산한 것이다. 언론에서는 이를 두고, 대통
령 선거를 통해 이전 세대와는 확연히 다른 감수성을 가진 새
로운 세대가 탄생하였으며, 변화를 갈망하는 이들은 이제 엄

연히 커다란 정치세력으로 인정받았다고 진단했다. 이들의 부상을 전문가들은 '세대혁명' 또는 '세대전쟁'이라고 표현하기도 했다.

물론 순간의 감정을 중시하며 개인주의로 무장된 젊은 세대의 태도가 언제나 옳은 것만은 아니라는 비판도 만만찮게 제기되고 있다. 하지만 변화를 갈망하는 그들의 에너지가 변화하는 21세기 한국사회에 활력을 주고 있다는 점에 이의를 제기할 사람은 별로 없을 것이다. 젊은 세대는 바로 우리의 동생이고 자녀이며, 우리나라의 미래를 열어갈 다음 세대이다. 그러므로 그들의 문제에 대한 무책임한 과장이나 억지는 지양해야 할 것이다. 젊은 세대에 관한 왜곡되고 편향적인 논의로 인해 조장되는 세대 간의 몰이해와 반목은 우리의 일상을 좀먹는 백해무익한 것이기 때문이다.

우리가 이들 젊은 세대에 주목하는 것은 바로 그들이 변화의 물결과 함께 이 사회를 담당할 주역이기 때문이다. 또한 그들의 특성이 긍정적이건 부정적이건 간에 정확히 파악할 필요도 있기 때문이다. 이러한 생각은 세대론을 강조하고 분파적 갈라놓기를 조장하기보다는, 세대 간에 서로의 창조적 자의식을 북돋우면서 포용력 있는 공감대를 만들어가는 데 필수불가결한 요소이다. 구세대가 젊은 세대의 창조적 가치를 적극적으로 받아들이는 열린 자세를 갖고 신세대를 만날 때, 젊은 세대를 둘러싼 모든 편향된 논의들은 사라질 것이다.

세대^{란?}

   '세대'는 시간, 노화과정, 연령집단, 사회구조 등의 요인이 복합적으로 작용하여 형성되는 것으로, '새로이 출현하다 (genos)'라는 뜻의 희랍어 어원을 가지고 있다. 일반적으로 이 세대란 말은 사람이나 상황에 따라 다양한 의미로 사용되고 있는데, 세대문제를 연구하는 사람들이 사용하는 세대라는 말의 의미는 다음과 같다.

   지금까지 세대 연구가들이 사용해온 세대의 의미는 크게 네 가지로 분류해볼 수 있다. 첫째, '부모세대'와 '자식세대'로 구분하는 것처럼 가계 계승의 원리로서 세대라는 말을 사용하는 경우, 둘째, 나이를 먹음에 따라 함께 연령층을 이동하는 동시 출생 집단(cohort)을 의미하는 경우, 셋째, '청소년세대'나

'대학생세대'라고 부를 때처럼 생애주기(life cycle)의 어느 단계에 있는 사람들을 통틀어 지칭하는 경우, 넷째, '전후세대'나 '4·19세대' 등과 같이 어떤 특정한 역사적 경험을 공유한 사람들을 총칭하는 경우 등이다.

위의 어떤 경우에도 세대란 말은 나이와 매우 밀접한 관계를 가지고 있지만, 그 구체적인 의미는 조금씩 다르다. 세대문제를 연구하는 사람들은 세대라는 말을 위의 네 가지 가운데 어느 한 가지 의미로 사용하기도 하고, 동시에 두 가지 이상의 의미로 사용하기도 한다.

이 책에서는 세대의 개념을 '동시 출생 집단', 즉 '같은 시기에 출생한 집단'이라는 의미로 이해하고자 한다. 여기서 비슷한 시기에 출생했다는 사실은 매우 중요하다. 왜냐하면 같은 또래의 사람들은 어떤 역사적 사건과 상황을 생애주기의 동일한 단계에서 유사한 방식으로 경험할 가능성이 높기 때문이다. 이처럼 한 세대의 역사적, 문화적 경험의 공유는 다른 세대와 구분되는 그 세대 특유의 사고방식이나 행위유형을 형성하는 기초로 작용한다. 이와 비슷하게 세대에 준하는 가치를 부여받은 '대'라는 말도 같은 맥락에서 이해할 수 있다. 예컨대 20대, 30대, 40대 등 그 나이에 따라 나누거나 1980년대, 1990년대처럼 연도에 따라 10년 단위로 구분지어 부르는 것이 그것이다. 최근 신문이나 방송에서 자주 이용하는 '2030세대'나 '4050세대' 등의 분류도 기본적으로는 연령을 기반으로 하고 있다.

특정한 역사적 사건이 아니더라도 '급변하는 사회의 특징적인 한 굽이' 역시 세대를 가르는 기준이 될 수 있다. 이를테면 컬러TV나 워크맨, MP3의 등장과 함께 청소년기를 보낸 세대는 그것 없이 청소년기를 보낸 세대와는 확연히 다른 감수성을 갖게 된다. 컬러TV를 보며 자란 세대는 어지간한 쇼에는 만족할 수 없는 미의식을 갖기 마련이고, 워크맨을 끼고 자란 세대는 일반방송으로는 만족할 수 없는 개인의 자유와 색깔을 추구하는 성향을 지니게 되며, MP3로 이 세상의 모든 음악을 접하며 자란 세대는 네트워크를 통해 수많은 사람들과의 개인적인 상호교류를 즐기는 것이다.

한국에서 세대 문제에 관한 연구는 1980년대에 시작되었는데, 1990년에 한국사회학회가 주관한 전국표본조사의 연구보고서는 비교적 체계적으로 조사가 이루어졌다는 점과 함께 의미 있는 분석 결과를 제시했다는 점에서 세대문제 연구에 크게 기여했다. 분석 결과, 40세 미만의 젊은 세대는 이기적이고 낭비가 심하며 버릇이 없으나 진취적, 개방적이고 영리하다는 평가를 받은 반면에, 40세 이상의 기성세대는 보수적이고 권위적이며 고집이 세지만 근면하고 검소하며 참을성이 많고 희생적이라는 평가를 받고 있음이 밝혀졌다.[1]

그 후 이루어진 세대에 관한 대부분의 연구에서는 신세대의 특성에 관한 논의가 주를 이룬다. 이러한 신세대의 특성에 대한 연구들은 그들이 산업화의 추진과 성공, 전통적인 가족구조의 붕괴, 교육평준화 등의 시대적 배경 속에서 성장한 세대이자 정보화시대로 진입하는 과도기를 거쳐 온 세대라 파악하고, 다음과 같은 점에서 그들이 기성세대들과 본질을 달리한다고 주장한다. 첫째는 '시각세대'라 할 수 있을 만큼 듣는 것보다는 보는 것에 익숙하다는 점, 둘째는 물질적으로는 과거의 어느 때보다도 풍요로운 세대라는 점, 셋째는 개성이 강한 세대라는 점이 그것이다. 이러한 점들로 인해 신세대는 감각적이고 개방적인 특성을 지니면서, 현대 과학기술이 낳은 각종 문명의 이기들을 비교적 자유롭게 소유하고 이용하며 자라온 세대로서의 특징을 지닌다는 것을 알 수 있다.[2]

'신세대'라는 용어가 널리 통용되면서, '신세대'에 관한 논의가 세대문제 연구의 붐을 일으키게 되었다. 젊은 연구자들은 기성세대에 대한 도전적인 입장을 밝히기도 하였으며, 기성세대 역시 신세대에게 깊은 관심을 보이기 시작했다. 신세대가 이처럼 주목을 받게 된 것에는 그들에게 학문적인 관심이 쏠렸던 것 외에도 여러 가지 이유가 있다. 신세대는 가정, 직장, 학교 등 사회 각 부문에서 등장했고, 현실적으로 그들의 비중이 크게 부각되었으며, 신세대의 사고와 행위가 이전 세대와는 너무나 큰 차이를 보였던 것 등이 그것이다.

신세대에 대한 이러한 논의 이후에도 젊은 세대를 지칭하는 용어와 그들에 관한 논의는 지속적으로 재생산되었다. 'X세대' 'Y세대'를 지나 'N세대' 'P세대' '포스트386세대' 'Na세대'에 이르기까지, 기존의 세대와는 다른 젊은 세대의 특성을 밝히기 위한 다양한 노력은 지금도 이루어지고 있다.

신세대, 세대론의 새바람

오늘날 한국사회가 겪고 있는 적나라한 변화는, 그 속도가 가파르고 진폭은 넓으며 강도는 깊다고 볼 수 있다. 한국사회는 지난 40여 년간 이러한 변화를 줄곧 체험해왔다. 이것은 미국의 사상가 피터 드러커P.F.Drucker가 『새로운 현실*The New Reality*』의 한국어판 서문에서 "세계 역사상 그 어느 나라도 현재 살아있는 한국인이 그 일생 동안에 겪었던 것과 같은 급격한 변혁을 경험해본 나라는 아직 없다."라고 쓸 정도로 엄청난 체험이며 변화라 할 수 있다. 그리고 이러한 변화가 시간적으로 간격을 두지 않고 공간적으로도 미치지 않는 곳이 없이 가장 급격하면서도 과격하게 일어났다는 데 대해서는 그 누구도 이의를 제기하기 어렵다. 그만큼 한국사회의 변화는 매우 광범위하고 빠르게 전개되어 왔다.

신세대에 대한 논의는 이러한 한국사회의 변화와 밀접한 관계를 갖는다. 어느 시대에나 젊은이들은 기존의 틀을 깨는 대담한 자기표현으로 새로운 자아를 발견해나가지만, 우리의 신세대가 만들어낸 변화의 물결은 그 어느 시대보다 다채롭고 자유로우며 기발했다. 우리가 일찍이 누리지 못했던 경제성장과 민주화의 물결을 경험한 신세대의 새로운 사고와 행동은, 우리 문화에 집착하는 반외세적인 성향과 세계화를 인정하는 개방적인 사고방식의 공존, 자신들이 이 시대의 주역이라는 강한 자신감 등이 한데 얽혀 창조되어 우리 사회에 새바람을 일으켜왔다.

처음 한국에 신세대론이 등장한 것은 1990년대 상반기로 서태지가 화려하게 등장한 시기와 거의 맞아떨어진다. 당시의 '신세대'라는 표현은 서태지를 좋아하고 이어폰을 꽂고 다니며 자신의 라이프스타일을 조직의 권위보다 중요시하는 10대와 20대의 젊은이를 가리키는 단어였다. 학생이나 젊은이는 물론이고 '신세대 직장인' '신세대 주부'라는 명칭도 등장했다. 즉, 신세대란 1980년대의 물질적 풍요 속에서 자라나 각종 개인화 장비를 갖추고 기성의 권위와는 아주 자연스럽게 결별한 젊은 세대였던 것이다. 특히 당시는 사회주의권의 몰락과 함께 학생운동이 위축되던 시기였기 때문에 지적 관심이 온통 문화와 욕망이라는 범주로 몰리면서 신세대론은 막강하게 부상할 수 있었다.

신세대의 등장

우리에게 이미 익숙한 용어인 '신세대'는 급격한 사회변동을 겪고 있는 국가에서 나타나는 공통적 경향으로 일본의 '신인류', 중국에서 혁명전후에 태어나 개혁개방의 시기에 성장한 '청년세대', 미국의 'X세대' 등과 유사한 이미지를 갖는다. 신세대에 대한 정확한 개념 설정은 어렵지만 우리나라에서는 1990년대 초부터 소비분야를 중심으로 관심의 대상이 되어왔던 세대, 물질적 풍요 속에서 자라났으며 책보다는 TV와 잡지 등 각종 매스미디어의 영향을 받아온 세대, 그리고 핵가족 속에서 자라난 세대를 신세대라고 일컬었다.

신세대들은 그들이 말하는 구세대들과는 다른 사회, 경제, 문화적 경험, 즉 다른 역사적 경험을 한 세대이다. 기성세대는 해방 후 휴전에 이르기까지 국제적인 냉전체제와 국내의 이념적 갈등 속에서 성장하였으며 4·19와 5·16을 경험한 세대이다. 또한 그들은 그동안의 이념적 갈등과 경제적 빈곤에서 벗어나 근대화를 통한 국가발전을 이루기 위한 노력을 아끼지 않았으며 기존의 사회질서를 유지 및 관리하려는 경향 또한 강하다. 이에 반해 신세대는 민주화 변혁기를 거치면서 민주주의 가치체계를 폭넓게 인식하는 가운데 사회구조의 평등화와 인간화에 관심을 두었다. 그리고 정치, 경제, 사회, 문화 등 제반 영역에서 기성세대와는 커다란 시각 차이를 보이면서 기성세대의 권위 체제를 거부하는 저항과 모험을 감행하였다.

신세대에 대한 관심은 무엇보다도 그들이 독특한 감수성과 이미지를 가지고 있다는 사실에서 시작되었으며, 이들이 사회 변화의 방향을 결정하는 중요한 세력으로 등장할 것이라는 전망에 근거했다. 그동안 활발하게 전개되었던 신세대의 가치관, 신세대 문화의 성격, 신세대 문학의 한계, 신세대와 계급문제 등 신세대에 대한 다양한 논의는 이러한 전망, 즉 이 세대의 현실과 미래가 우리 사회의 변혁과 미래사회 건설을 위한 원동력이 될 것이라는 믿음을 반영하는 것이었다.

앞으로 우리 사회가 당면할 사회적 불협화음의 원인은 경제적인 맥락에서 인식되는 계급갈등보다는 문화적 혹은 세대 간의 '다름'에서 빚어질 갈등일 가능성이 높다. 이런 점에서 신세대에 관한 논의는 그 중요성을 가진다고 할 수 있다. 사실 신세대라는 것이 당시에 새삼스럽게 논란이 되었던 이유는, 그때 세대 간의 간극이 이전의 세대차이나 세대갈등보다 더 크게 느껴졌기 때문이었다.

이처럼 우리 사회의 각 분야에서 거센 변화의 바람을 일으켰던 신세대는, '이전 세대와는 다르다'는 것을 강조하는 상대적인 개념으로 이해해야 한다. 그리고 한때 대중에게 큰 관심을 불러일으켰던 '오렌지족'은 '신세대'와 질적으로 분명하게 구별되어야 한다. 흔히 신세대 중의 신세대로 여기는 오렌지족은 신세대의 사생아에 불과하기 때문이다. 또한 '신세대는 소비적이라거나 향락적'이라는 식으로 신세대의 단면만을 부각시켜 강조하는 것은 바람직하지 않다. 그들은 변화의 물결과 함께 이 사회를 담당해나갈 새로운 담당자일 뿐만 아니라, 기존의 질서가 부여해온 권위와 억압에 대한 저항과 모험을 계속하면서도 자신들의 세계를 구축하는 노력을 아끼지 않아 왔기 때문이다.

신세대 등장의 배경

신세대의 특성은 다양하게 묘사될 수 있지만, 소비주의, 물질주의, 낭비적 성향, 여가중시, 개인주의(혹은 이기주의), 다양성, 개방성, 자유분방함, 탈권위주의 등, 일반적인 특성은 경제적 풍요와 정치적 격동기 및 지구촌화(globalization) 등의 구조적 배경에서 비롯된 것으로 볼 수 있다.

우선 신세대는 경제적 혜택을 받은 수혜受惠의 세대라 할 만하다. 부모세대의 피땀 어린 노력의 결과는 그들의 자녀들을 절대적 결핍개념으로부터 해방시켜 주었기 때문이다. 신세대는 경제성장의 혜택을 받으며 성장한 복 받은 아이들이었고, 고도성장이 본격화된 1980년대의 풍요 속에서 유소년 시절을 보낸 그들의 풍요로움은 '보릿고개'로 상징되는 기성세대의 궁핍 및 내핍의 경험과 명확히 대비된다.

신세대가 성장기를 보냈던 시기는 우리나라의 정치적 격동기임과 동시에 모든 정치적 권위가 땅에 떨어졌던 시대였다. 10·26사태와 12·12사태 그리고 1980년의 5·18에 이어 그칠 줄 몰랐던 학생운동의 소용돌이 속에서 청소년 시절을 보낸

1990년대의 신세대들은 가치관의 혼란을 체험하였으며, 이후에도 끊임없이 전개되는 여야의 정쟁에 회의를 느끼고 정치 전반에 무감각한 반응을 보였다.

신세대는 지구촌화 현상에 가장 예민한 반응을 보인 세대였다. 우리 사회에서 '세계화'로 더 잘 알려진 '지구촌화'는 정보통신, 전자, 생명공학 분야에서 가히 혁명적이라 할 만한 기술혁신에 힘입어 경제, 정치, 조직, 환경, 문화 등 각 부문에서 시간과 공간이 단축됨에 따라 국가 간의 상호의존성이 증대하는 변동과정을 설명하는 개념이다.

그중 위성방송, 영화, TV프로그램, 출판물 등의 국제적 유통과 전자우편, 해외여행 등은 문화 부문에서 지구촌화가 가장 두드러지게 나타나는 영역이고, 신세대는 뮤직 비디오, 외국 영화, 위성방송 등 영상매체와 컴퓨터를 비롯한 뉴미디어에 가장 익숙한 세대라고 할 수 있다. 기성세대와는 달리 그들에게 외국은 시간적으로나 공간적으로 가까이 다가와 있는 현실인 것이다. 이처럼 신세대는 TV, VTR 등을 통해 어려서부터 외국문화에 익숙해졌다. CNN이나 위성통신 등으로 24시간 해외정보를 받아볼 수 있는 이들의 일상생활 속에서 외국은 TV나 영화를 통해서나 볼 수 있는 먼 곳이 아니었다. 이런 현상은 부모세대에서는 상상할 수도 없었던 것으로 신세대로 하여금 폐쇄적인 사고에서 벗어나 개방적이고 적극적이며 진취적인 사고를 갖게 하였으며, '세계 속의 나'라는 존재를 인식시키는 계기가 되었다.

신세대, 그 개성적 몰개성의 세대

'신인류' '영상세대' 'X세대' '오렌지족' '야타족' 등 신세대를 지칭하는 용어들은 무수히 많았다. 그리고 TV, 신문, 잡지 등에 연일 등장하는 그 용어들은 의도했건 아니건 간에 하나의 의미로 읽히기보다는 선정적인 느낌으로 다가왔다. 물론 그러한 선정성은 'X'나 '오렌지' 따위의 단어에서 풍기는 이미지 때문이었다.

그것은 아마도 보수적인 기성세대가 변화된 감성에 대해 느끼는 체질적인 거부감과 상업주의적 부추김의 변용된 표현들이겠지만, 어쨌든 신세대라는 의미는 몰이해와 뻥튀김으로 인해 이분법적이고 단선적인 사고 속에서 왜곡되었다. '신세대=오렌지족'이라는 등식은 그러한 왜곡의 대표적인 예일 것이다. 당시 오렌지족에 초점이 맞추어진 '철없는' 신세대에 대한 논의는 일반인들에게 흥미로운 눈요깃감이 되기도 하였으며, 신세대가 '포스트모던'이라는 허울을 쓰고 최상급의 상품으로 부각되면서 신세대에 대한 뿌리 없는 논의를 한층 부채질하기도 했다. 그러나 오렌지족 운운하면서 시작된 신세대에 대한 논의는 문제의 핵심을 벗어난 잘못된 논의였다.

그렇다면 무엇이 신세대에 대한 논의의 핵심인가? 그것은 신세대가 풍요와 자유로움 속에서 가정생활을 하고 학창시절을 보낸 '개성의 세대'인 동시에, 상급학교 진학만을 위한 시험공부를 강조하는 제도교육을 받으며 학창 시절을 보낸 '몰

개성의 세대'라는 두 가지 사실 간의 극심한 괴리 속에서 찾을 수 있다. 다시 말해 시험을 위주로 한 제도교육의 벽은 이들에게 진정한 개성을 획득할 수 있는 기회를 허락하지 않았을 뿐 아니라, 역으로 이들에게 '반권위주의적 개성'에 대한 강렬한 지향의식을 심어주게 된 것이다.

사실상 신세대는 교육과 사회화 부문에서 통제와 자율이라는 상호모순적인 힘의 작용을 받으며 성장한 세대이다. 특히 그들은 고등학교 3년이라는 기간 동안 자신의 능력·적성과는 상관없이 입시전쟁에 대비하거나 대비하는 척할 수밖에 없었고, 사지선다형 시험문제에 길들여지면서 통제와 억압과 타율의 세월을 겪어왔다. 그러나 한편으로 신세대는 교복, 두발 등과 관련된 각종 자율화조치 덕분에 남과 다른 자신의 모습을 찾을 수 있었던 동시에, 부모들이 그들을 억눌러왔던 전통적 가치관에 자식들을 묶어두기보다는 자녀들이 새로운 가치관을 갖도록 허용하고 준비시켰다는 점에서 자율의 단맛도 보게 되었다. 이러한 통제와 자율이라는 상호모순적 경험이 결국 신세대를 '개성적 몰개성의 세대'로 만들었다고 할 수 있다.[3]

이렇게 극도로 모순에 찬 교육제도하에서 사춘기를 보낸 결과 반권위주의적 개성에 대해 폭발적인 욕구를 지니게 된 신세대는 이 사회의 어디에서도 그들의 개성과 창조성을 실현할 장을 발견하지 못한 나머지, 소비적이고 상업적인 대중문화 속에서라도 자신들의 정체성(identity)을 확인하려는 노력을 아끼지 않았다.

변혁의 주체, 신세대

사회의 모순에 깊은 관심을 갖고 사회의 변화와 발전을 추구하는 것은 의식화된 운동권 학생들에게만 국한되는 현상이 아니었다. 입시경쟁 때문에 정치사회적 문제에 눈뜰 기회가 봉쇄돼 이러한 문제에 대한 성찰의 태도를 갖지 못하다가 대학입학과 동시에 학내의 큰 흐름에 영향을 받아 급격히 정치와 사회문제에 대한 의식을 갖게 된 대학생들은 물론, 비교적 젊은층의 노동자, 농민, 도시빈민들도 각자의 처지와 위상에 관련된 정치사회적 문제에 관심을 보이면서 권익확보 투쟁을 벌이는 등 비판의식을 갖추게 되었다.

신세대는 '우리 사회에 산적한 모순을 해결하려면 끊임없는 문제제기와 문제해결을 위한 실천적 노력이 불가피하다'는 인식 하에 적극적으로 현실에 참여하는 특성을 보였다. 1980년대 말부터 크게 제기되기 시작한 통일에 관한 논의는 바로 신세대의 진보적이고 적극적인 통일관에 의한 결과라고 볼 수 있다. 대학생들의 통일관에 동의하든 그렇지 않든, 이 땅에 사는 사람들은 대학생들의 통일운동을 계기로 한반도가 분단 상황이라는 점을 새삼 인식하게 되었고, 통일을 위해 무엇을 어떻게 해야 하는가를 진지하게 생각하지 않을 수 없게 되었다.

또한 신세대는 기성세대가 성취한 산업화가 경제적인 구조적 불평등을 심화시켰다는 문제점을 강하게 지적했다. 특히 1970년대 중반 이후 널리 인식되기 시작한 경제적 부조리는 신세대에 의해 주로 부富의 축적 과정 및 사회적 배분의 문제로서 쟁점화되어 왔다. 구체적으로 말해, 신세대가 노동운동을 통해 기대했던 것은 무엇보다도 노동자의 '권리신장'이었다. 기성세대 노동자들은 노사관계를 공장 내부의 문제로만 파악했던 데 반하여, 신세대 노동자들은 공장을 넘어서서 노동력을 판매하고 노동의 기본권을 규제하는 사회의 지배세력에 도전하려는 의지를 갖고 있었다.

1988년에 파업 여부로 큰 관심을 모았던 서울지하철공사 분규도 지하철공사측의 권위주의적 운영에 대한 20대 노조원들의 불만이 주된 요인이었다. 즉, 이 분규는 군대처럼 근속연수를 표시한 계급장을 달도록 한 회사 측의 강압적 조치에 대해 신세대였던 회사의 노조가 크게 반발하여 벌어진 것으로, 이 사건을 통해 신세대가 맹목적 권위주의의 타파와 노동자들의 권리신장에 관심을 갖고 있다는 것이 사람들에게 알려지게 되었다. 또한 신세대들은 노사가 평등한 입장에서 협상하여 공정한 배분의 질서 밑에서 기업이 운영되어야 한다고 주장했다. 이렇듯 신세대는 기성세대의 현실안주와 보수성으로 인한 구조적 불평등과 비인간화 현상에 깊은 불만을 나타내었으며, 지속적으로 이를 타파하려는 노력을 보였다.

신세대들은 기업 내에서도 새로운 변화의 물결을 만들어냈다. 집단주의적 속성을 갖는 이전 세대들의 경우에는 애사심이 높고 조직원의 인화가 공고하다는 장점이 있었다. 그러나 신세대들은 달랐다. 이전 세대가 '조직의 발전이 곧 나의 발전'이라고 생각했던 데 반해, 신세대는 '나의 발전이 조직의 발전'이라고 생각하는 경향이 강했다. 그래서 신세대는 자신에게 아낌없이 과감하게 투자하는 특성을 보였다. '그냥 사는 것이 아니라 나 자신을 가꾸어나간다.'는 어느 백화점의 광고 문안처럼, 신세대가 자신의 일과 미래를 위하여 투자하는 에너지와 시간은 그 어느 시대보다도 철저하고 도전적이었다. 그 결과 신세대들은 경색된 기업문화에 참신하고 창조적인 새 바람을 일으키는 주역으로 등장하였다.

이렇듯 우리 사회에 뿌리 깊게 자리 잡고 있었던 정치, 사회 구조의 경직성과 권위주의 체제에 대한 신세대의 도전은 사회변화와 개혁의 주된 원동력이 되었으며, 신세대의 민주화를 위한 열정과 일련의 통일운동은 외면할 수 없는 그 시대의 조류였음에 틀림없다.

창조적이며 자족적인 신세대 문화

1970년대의 청년 문화가 억압적 정치상황에 대한 일탈적인 저항의 산물이듯이 1990년대의 신세대 문화 역시 1980년대의 억압적인 정치상황과 잘못된 제도교육에 대한 저항의 산물라고 할 수 있다. 그러나 신세대 문화는 청년 문화와는 달리 창조적이며 자족적인 성격을 지니고 있었다. 신세대 문화의 핵심은 이들이 권위주의적이고 허위적인 제도에 대해 전면적으로 반기를 들고 있다는 것과 함께, 이것이 창조적인 개성에 대한 내적인 요구로 이어지고 있다는 점이었다. 즉, 신세대 문화는 청년 문화가 소극적인 대신 적극적이고, 일탈적인 대신 창조적이며, 욕구불만적인 대신 자족적이라는 성격을 지니고 있었다. 이는 신세대들이 이전 세대에 비해 훨씬 많은 양의 창조적 에너지를 머금고 있음을 의미한다.

신세대들은 화려하고 용감하며, 자유롭고 철저하다. 그러면서도 그들은 자유와 그에 따르는 책임에 대해 그 어느 시대의 젊은이들보다 더 많이 알고 있었으며, 또 그 책임을 다하기 위해 노력하는 성향을 보였다. 그들이 많이 모이는 대학가나 문화 현장에서 그들의 건강한 모습을 찾아볼 수 있는 것은 그리 어려운 일이 아니었다.

그들은 좋은 것이든 나쁜 것이든, 많은 것을 듣고 보고 느끼고 판단하여 선택하는 특성도 지니고 있었다. 그들은 선택하기를 주저하거나 어려워하지 않았다. 아이스크림을 먹을 수 있다는 것만으로도 즐거워했던 세대가 아니라 여러 가지 아이스크림 중 마음에 드는 것을 골라 먹을 수 있었던 신세대는, 자신의 합리적 선택에 도전할 줄 알고 그 합리적 선택을 받아들일 줄도 알았던 것이다.

1980년대에 젊은이들을 관통하는 코드는 '논리'였다. 하지만 1990년대의 신세대들에게 있어서 '논리'란 축축 늘어지고, 꼬리를 물고 이어지는 하품나는 것일 뿐이었다. 당시 신세대들의 대화는 짧고 간결하며, 논리적이기보다는 감각적인 분절음(비트)으로 이루어지는 특성을 보였다. 예를 들면, "싫어."

"왜?" "그냥." 이런 식으로 대화를 나누었다. 이러한 비트는 신세대들이 빠져든 대중문화 전반에 걸쳐 광범위하게 나타났는데, 비트의 전도사는 1990년대 초반에 나타난 '서태지와 아이들'이었다. '난 알아요'로 랩을 처음 들고 나왔을 때 신세대들은 랩이 자신들의 감성을 담아내는 데 최고라는 것을 곧바로 알게 됐고, 스스로 비트의 노예가 됐다. 이후 빠르고 딱딱 끊어지고 톡톡 튀는, 비트 있는 랩이 신세대 가요가 되었다. 당시 신세대들이 좋아하는 가수나 노래가 쉴 새 없이 바뀌는 현상 역시 비트가 지닌 속도감 때문이기도 했다. 심지어 이들은 자신을 지칭하는 단어까지도 '신세대'에서 'X세대' 'Z세대' 등으로 쉴 새 없이 바꾸어 나갔다.[4]

또한 신세대는 '그들만의 언어'를 사용하였다. 이들은 비속어보다는 컴퓨터 사용과 관련된 전문 용어를 일상생활에 끌어들여 쓰는 경우가 많았다. 일례로 컴퓨터를 켜도 작동하지 않는다는 뜻인 "부팅이 안 된다(생각이 잘 안 난다, 머리가 둔하다)."와 하드디스크드라이브를 초기화했다는 뜻인 "하드를 포맷했다(여자 친구를 정리했다)."라는 말이 있다.

인터넷이 보급되면서 인터넷 채팅에서는 알파벳 약어가 많이 사용되기도 했다. 예를 들어 'cu'는 "see you(또 만나자).", 'bbl'은 "be back later(조금 있다 올게).", 'invu'는 "I envy you(네가 부럽다).", 'btw'는 "by the way(그건 그렇고)", 'oc'는 "oh, I see(알겠다)."라는 뜻으로 쓰였다. 이들은 대부분 미국 인터넷 이용자들이 사용하는 약어를 들여온 것으로 일부는 일반에게도 알려져 여성의류 상표 등으로 사용되기도 했다. 그리고 '광합성'은 야외에서 햇볕 쬐는 것, 메뚜기는 대학 도서관에서 자리를 못 잡아 다른 사람의 자리를 옮겨 다니는 학생, '박물관'은 낡은 책만 있는 대학도서관을 비꼬아 표현한 은어였다. 따라서 "박물관에서 메뚜기하지 말고 광합성이나 하자."는 말은 "도서관에서 남의 자리 돌아다니지 말고 나가서 햇볕이나 쬐자."라는 뜻이다. 이 밖에도 신입생 수련회를 뜻하는 오리엔테이션의 영어 약칭인 'OT'는 발음대로 읽어서 '옥의 티'를 의미하기도 했으며, 캠퍼스 커플의 약자인 'CC'는 '침팬지 커플(못생긴 연인)'이라는 말로도 쓰였다.[5]

그러나 신세대 문화는 비디오를 비롯한 여러 매체의 산물로서 개별화, 파편화된 감성체계와 과잉소비를 가능케 하는 순간적인 감각을 중요시하는 특징을 가진 '즐거운 아류'라는 한계를 지녔다는 비판을 받았다. 또한 그들의 문화는 새로운 세대의 주체적인 부상 과정에서 형성되기보다는 소비가 소비를 생산하는 자본의 확대전략, 문화의 상품화전략 등에 의해 확대 생산되고 있다는 문제점이 지적되기도 했다. 이는 신세대를 내세워 상업성을 겨냥한 대부분의 신세대 문화에 대한 공통적인 시선이기도 했다. 신세대의 문화가 모든 위계, 특권, 기존 질서에 대해 공격적이고 저항적이지만 소비문화의 한계를 벗어나지는 못했다는 지적도 이와 같은 맥락이다.

개방적인 성의식

뿌리 깊은 전통적 가치윤리를 지닌 기성세대와는 달리 신세대는 성性에 대해 보다 자유롭고 개방적인 태도를 보인다. 그들은 확실히 기성세대보다 자유롭고 감각적인 태도로 성을 다뤘으며 성에 관한 전통적인 가치규범에서 급속히 벗어났다. 이들에게 성은 더 이상 꺼리거나 숨겨야 할 신비의 대상이 아니며, 폭발적인 성문화의 범람 속에서 성장한 신세대는 성을 삶의 당연한 한 부분으로 자연스럽게 여기는 것처럼 보인다.

개방적인 신세대는 공공장소에서도 떳떳이 애정 표현을 한다. 대학 교정이나 공원에서 손을 잡거나 스킨십을 하는 젊은 이들을 흔히 볼 수 있는데, 이들은 '좋아하는 남녀의 스킨십은 자연스러운 일이기 때문에 남의 눈치를 보거나 숨길 이유가 없다'는 생각을 지니고 있다. 남의 눈에 띄지 않는 곳에서 누가 볼세라 어깨를 껴안는 모습은 이제 부모 세대의 추억으로만 남아 있는 것이다. 그리고 흔히 "누가 누구와 사귄대."라며 입방아를 찧던 기성세대와는 달리, 신세대는 남의 연애에 무관심하다.

뒤끝이 없다는 것도 신세대 이성교제의 한 특징이다. 예전 연인과 헤어진 후에도 친구 사이로 돌아가 가깝게 지내는 것은 물론, 자신의 친구를 소개해주기도 한다. 신세대는 혼전 성경험에 대해서도 관대하여, 운이 좋으면 미팅 파트너와 만난 첫날에 잠자리까지 같이 할 수 있다고 생각하는 젊은이들도 늘어나고 있다.

신세대들이 지닌 성의식의 또 다른 특징은 예전에 비해 성에 대해 훨씬 적극적이라는 점이다. 여성들도 귀가시간의 제약을 단호히 거부하며, 남자친구와 단둘이 떠나는 여행도 마다하지 않는다. 계약결혼을 본뜬 것으로 일정 기간 동안 특정 조건 하에 데이트를 즐기고 계약이 만료되면 미련 없이 헤어지는, 그야말로 최신식 인스턴트 연애방법인 '계약연애'라는 것도 개인주의와 일회성 편리주의, 그리고 끊임없이 새로운 것을 추구하는 신세대들의 취향이 빚어낸 새로운 연애풍속도라고 할 수 있다.

성의식의 변화와 함께 신세대의 변화된 결혼관도 주목할 만하다. 신세대는 결혼을 반드시 하지 않아도 되는 것으로 인식하고 있으며, 결혼은 필수적인 요소가 아니라 선택적인 요소라고 생각한다. 특히 신세대 여성들에게 인생의 목표는 결혼이 아니라 자아의 성취와 일의 성공이다. 따라서 이들은 결혼을 위해 알뜰하게 저축하기보다는 자기계발을 위해 아낌없이 투자한다. 이들에게는 결혼보다도 자신이 가지고 있는 인생의 목표가 더 중요한 것이다.

신세대의 새로운 성향은 이혼에 대한 견해에서도 뚜렷이 나타난다. 이제 이혼은 신세대에게 있어서 결혼과 마찬가지로 여러 선택 중 하나일 뿐이다. 예컨대 부부 간에 뜻이 맞지 않아 이혼하는 경우에 대해 신세대들은 "나쁠 것 없다."며 동의하는 성향이 비교적 높다. 이는 기성세대가 결혼에 대한 불만이 크더라도 참고 사는 것을 미덕으로 생각하는 데 반해, 신세대는 참고 견뎌볼 생각보다는 일단 '안 되겠다'는 생각이 들면 미련 없이 돌아서는 세태를 반영하고 있는 것이다.

신세대의 이러한 이혼관은 한마디로 "불행한 결혼보다 행복한 파경이 낫다."라는 표현으로 요약될 수 있다. 신세대 이혼의 두드러진 특징은 그 사유가 '추상적'이라는 데 있다. 기성세대가 배우자의 부정, 구타 등 구체적인 사유로 인해 이혼을 하는 반면, 신세대는 '성격 차이'로 표현되는 추상적인 이유로 이혼을 결심하곤 한다. 자기중심주의가 너무도 강한 신세대는, 결혼이나 가정 그 자체, 혹은 배우자나 자녀보다는 자기 자신이 가장 중요하다기 때문에 이혼을 하는 것이다. 예전에는 충분히 견디며 살았을 만한 생활도 "내가 왜 참아야 하느냐?" "짧은 인생을 불행하게 살 수는 없다." "아기가 생기기 전에 빨리 헤어지는 게 낫다."며 참을성 없는 세대의 속전속결식 인생관을 보여준다.

소비 지향의 신세대

신세대 소비문화의 행태를 이해하고자 한다면 그들이 바로 풍요의 세대라는 사실을 인식하는 데서부터 출발해야 한다. 이러한 사실은 상품구매에 있어서 신세대들이 양이나 질적 차원이 아닌, 패션과 부가적인 서비스 등을 중요한 구매 기준으로 제시하고 있다는 데에서도 잘 알 수 있다.

신세대의 소비 지향성은 현재 우리 사회가 대중소비사회라는 맥락에서도 이해될 수 있다. 상품생산 자체보다는 정보, 서비스, 이미지, 기호의 생산과 소비가 중심이 되는 대중소비문화라는 틀은 한국사회의 신세대를 이해하는 데 중요한 실마리를 제공한다. 사실상 신세대는 영상매체의 확산과 결합된 소비문화 속에서 규정될 수 있는 측면이 많기 때문이다. 이러한 대중소비문화는 기본적으로 경제적 풍요를 전제로 하고 있으며, 지구촌화 과정에서 신세대들에게 더욱 매력적인 형태로 다가서게 되었다. 또한 제도교육이 가하는 정신적 억압은 신세대들로 하여금 문화상품의 소비를 통해 억압의 출구를 찾게 만드는 구조적 조건이 되기도 했다.

사실 신세대를 겨냥한 시장은 그 잠재성과 비전 면에서 기대되는 부분이 매우 컸다. 절대적 궁핍을 벗어난 풍요로운 세대로서 '전자게임세대' '영상세대'라 불렸던 유년기와 소년기 때부터 직접 다양한 소비를 체험했기 때문에, 화려한 소비사회의 패션과 붐이 함께 어우러져 그들의 가치와 인격을 형성했다. 이러한 신세대의 소비의식은 다음과 같이 설명할 수 있다.

첫째, 풍요세대인 이들은 생활의 주관적 만족을 충족하기 위해 양을 중시하던 과거의 수준에서 벗어나 외양과 디자인 등의 패션을 선택의 기준으로 삼는 경향이 강하다. 이는 상품이 발산하는 상징적인 이미지를 자신의 이미지에 부합시키고자 하는 욕구에서 비롯된 것이다. 둘째, 소유를 통한 만족보다는 사용함으로써 가치를 얻고 만족을 추구하는 소프트한 측면을 강조하는 경향을 보인다. 즉, 소비자의 의식이 물적 재화 중심의 사고에서 서비스를 우선시하는 사고로 변화된 것이다. 셋째, 신세대들은 감성적인 성향이 강하다. 이는 상품의 선택에 있어서 자신의 감성에 맞는가, 아닌가가 핵심적인 기준이 된다는 것이다. 즉, 이들은 '좋다, 싫다'라는 감성적인 기준에 의해서 상품을 선택하는 특성을 보인다는 의미이다.

한편 신세대의 이러한 소비지향성은 부정적인 측면도 지니고 있었다. 당대의 청춘스타가 등장했던 "나 X세대" "나를 알 수 있는 건 오직 나" "천만 번 변해도 나는 나" "이유 같은 건 없다." "궤도이탈" 등 신세대를 자극하는 문구들이 난무하는 상업광고는 분명 신세대의 소비성향을 부추겼던 주범이다. 광고뿐 아니라 신세대를 겨냥한 텔레비전 쇼 프로그램이나 드라마, 코미디 프로그램들도 신세대라는 용어로 프로그램을 포장함으로써 신세대들의 개선방향을 긍정적으로 이끌어주기보다는 흥미 위주로 그들의 소비적이고 즉흥적인 모습만을 그려내는 등의 부정적인 측면이 많았다고 볼 수 있다.

탈권위주의 지향

신세대가 가장 듣기 싫어하는 말은 "옛날에 우리는 이러했는데 너희는……"이라며 나무라는 말이다. 탈권위주의를 지향하는 신세대의 특성은 억압적 제도교육의 경험과 부모의 수용적 자녀 양육방식 등에 의해 영향을 받아 형성되었다. 이들은 기본적으로 동료와의 상호관계를 존중하고 변화를 두려워하는 기성세대의 권위의식에 맞서, 권위를 허례의식이라 생각하여 그 권위를 고수하기보다는 오히려 변화의 실속을 '합리적 이익'으로 계산한다. 이처럼 신세대는 늘 합리성과 정당성을 요구해왔다.

신세대는 가정이나 직장에서의 맹목적인 권위주의를 거부하고, 일방적인 지시나 명령에 무조건적으로 복종하는 인습을 여지없이 무너뜨렸다. 신세대는 아버지가 젊은 시절에 경험했던 참혹한 전쟁과 가난, 그리고 이를 극복하기 위한 고생담을 이야기하면 자신에게 구시대의 경험과 논리를 강요하지 말라는 태도를 보이는 경우가 많았다. 직장에서도 기성세대는 상사에게 복종하며 일하는 것이 당연하다고 생각하는 반면에, 신세대는 부당하다고 생각되는 일에는 상사의 면전에서 직접 따지거나 불쾌한 표정을 보이는 경우를 흔히 볼 수 있었다. 학교에서도 이러한 탈권위주의 현상은 뚜렷이 나타났는데, 신세대들은 권위주의적인 교육 행정체제에 크게 반발하는 경향을 보였으며, 때로는 격렬하게 자신들의 반응을 나타내기도 했다.

이와 같이 신세대는 기성세대의 권위를 기본적으로 거부하였으며, 기성세대의 현실안주와 보수적인 성향으로 인한 구조적 불평등과 비인간화 현상에 깊은 불만을 나타냈다. 또한 신세대는 다원적인 민주사회를 표방하면서 권위주의를 타파하기 위한 시도를 하였는데, 이는 결국 신세대가 당시 한국사회의 부조리와 문제점이 기성세대의 허구적인 권위의식에서 비롯되었다고 보았기 때문이다. 이러한 신세대의 다양하고 총체적인 탈권위주의 현상은 그 후에도 일상사에서 사회구조에 이르기까지 다양한 방면에서 지속되었다.

강한 개인주의 성향

그동안 한국사회에서는 핵가족이 일반화됨에 따라 자녀에 대한 관심이 예전보다 크게 증가하였으며, 자녀의 잘못이나 과오에 대해서도 관대해져 가부장적인 권위가 상대적으로 약해지게 되었다. 이러한 배경 속에서 신세대는 혼자만의 삶에 친숙해졌으며 자연스럽게 개인주의 성향을 발전시키게 되었다.

'공부만 잘하면 다른 것은 아무래도 상관없다'는 것이 자식에 대한 신세대 부모들의 생각이었고, 그래서 마땅히 야단쳐야 할 일도 자녀의 마음이 상할까봐 그냥 지나치는 경향이 강했다. 신세대 부모들은 자식을 잘 키우기 위해서는 자식의 기를 죽여서는 안 된다고 생각하여, 자녀에게 남의 눈치를 보거나 양보를 해서는 안 된다고 가르쳐왔다. 또한 주부의 사회진출이 증가함에 따라, 신세대 가정은 부권도 없고 모권도 사라진 '훈육이 없는 가정'으로 변해갔다. 그 결과, '버릇없는 아이들'로 대변되는 신세대는 예절을 모르고 고집이 세고 이기적이며 협동심이 부족한 젊은이들이 되었다.

이러한 가족적 배경을 가진 신세대는 자신의 의사와 상관없이 유년 시절부터 피아노, 태권도, 미술, 컴퓨터, 영어 등을 배우기 위해 학원에 다녔으며, 중학교 때부터는 부모들이 좋은 대학에 자식을 진학시키기 위해 인성교육은 뒤로 미루고 오로지 입시 위주의 학교 교육만을 받게 하였다. 이러한 풍토 속에서 신세대들은 스스로 문제를 창출하고 해결하는 창조적 의식보다 선택적 사고를 가지게 되었으며, 스트레스 해소를 위한 건전한 놀이문화가 부족한 상황으로 인해 자연히 자극적인 대중문화와 감각적인 영상매체에 빠져들었다.

신세대의 개인지향적 특성은 지구촌화에 대한 관심의 증가와 욕구의 다원화, 자율적인 교육 및 양육방식에 영향을 받아 형성되었다. 기성세대는 일, 직장 등 먹고사는 문제를 가장 중요시하며 생산 중심의 지향성을 강하게 가졌기 때문에, 그들의 관심과 욕구 역시 주로 생존이나 안정된 생활, 출세 등과 관련된 것들로 지극히 제한적일 수밖에 없었다. 이에 반해 경제적으로 큰 어려움 없이 자란 신세대는 지구촌화 과정과 대중소비문화 발달의 결과로 나타난 다양한 문화상품이나 외래 문물과의 접촉을 통해 관심과 욕구가 다원화되었고 자신의 '스타일'을 중시하게 되었다. 이와 함께 어려서부터 자신의 취향에 따라 옷과 머리모양을 가꿀 수 있도록 부여받은 자율의 확대는, 신세대가 획일적인 틀로부터 벗어나 자기 나름대로의 표현방식에 관심을 갖는 계기가 되었다.

그 결과, 신세대는 자신을 소중히 여기고 자신이 하고 싶은 것을 무엇보다도 중요시하는 개인중심적 가치관을 갖게 되었다. 이러한 가치관은 조직의 일보다 개인의 일을 우선시하고,

자신의 주장을 노골적으로 표현하며, 자아의식이 강하다는 신세대의 특성에서 엿볼 수 있다. 또한 신세대는 공식적인 조직 내에서보다는 비공식적인 조직 내에서의 친화력이 강하여 자신이 속한 동아리나 친한 친구에게만 몰두하는 성향이 강하다는 비판을 받기도 했다. 이와 함께 신세대는 정치와 사회에 대한 관심이 낮고, 공동체의식도 빈약하다는 지적도 받았다.

신세대의 개인지향성은 신세대를 가리키는 '개성세대'라는 명칭에서도 잘 나타난다. 그들은 자신의 개성과 적성에 부합하는 일에는 전력투구하고, 다양화·개성화된 사회에 익숙하기 때문에 어떤 일정한 틀 안에서 행동하기보다 시시각각 변하는 환경 속에서 스스로 즐길 수 있는 분위기를 연출하기 위해 노력한다. 그들은 생활의 한 장면, 한 장면을 잡지의 한 페이지나 영화의 한 커트와 같이 장면마다 따로 편집하기를 원하며, 일관성에는 그다지 주목하지 않는다. 따라서 신세대들은 항상 일정한 가치판단에 의해 생활하기보다는, 때와 장소에 따라 시시각각으로 변하는 기분이나 충동에 의해 생활하는 경향을 뚜렷이 보였다.

군에서도 신세대 바람

신세대의 등장은 군軍에서도 많은 관심을 불러일으켰다. 소위 신세대라고 불리는 젊은이들이 군으로 계속 들어오고 있는데, 과거의 전통적인 의식의 연장선상에서 신세대를 이해하고

통솔하는 것은 무리였으므로 이들을 바라보는 새로운 각도의
필요성이 제기되었기 때문이다. 그들이 지닌 독특한 감수성과
가치관을 이해하지 못하고 기존의 잣대를 적용할 경우 심각한
부작용을 초래할 뿐만 아니라 소기의 목적도 달성하기 어렵다
는 사실은 이미 잘 알려져 있다. 1990년대 중반에 사병 1인의
곡물 급식량이 줄었다는 소식과 신세대가 좋아하는 메뉴가 지
속적으로 개발되고 있다는 사실, 그리고 신세대의 필수품이
된 핸드폰이 무전기를 대체하는 상황 등에서 알 수 있듯이, 신
세대의 등장은 군 생활 전반에 막대한 영향을 미치고 있다.

이처럼 자유분방하고 개성이 강한 신세대들이 군에 유입됨
에 따라 군 또한 과거의 명령과 복종보다는 합리성을 추구하
는 공간으로 변하고 있다. 이러한 변화에 따라, 자신에 대한
강한 자부심과 진취적 사고를 갖고 합리성을 추구하는 활달한
신세대들은 군 생활에 대한 자부심과 함께 강한 성취욕을 가
지고, 분명한 의사표현을 하며, 적절한 동기유발 시 참여의식
이 고조되는 등 군에 고무적인 영향을 미칠 것으로 기대되고
있다. 또한 신세대의 높은 교육수준과 정보생활의 경험은 군
의 정보기술화에 도움이 되고 있으며, 획일적이고 고정적인
사고의 틀에 얽매이지 않으려는 변화수용적 태도는 다양한 대
안을 탐색하고 창의력을 발휘하는 데 기초가 되고 있다. 특히
그들의 합리성과 공정성을 추구하기 위한 노력은 병영생활 정
상화에 유익한 역할을 하고, 개방적이고 솔직한 태도와 의사
표현은 밝은 병영문화를 이루고 자유로운 의사소통을 가능하

게 하여 조직 내 문제점을 해결하는 데 도움이 클 것으로 기대된다.

그러나 한편으로는 신세대 병사들의 강한 자기중심적 사고와 개인적인 성향이 군 조직과 조화를 이루지 못할 것이라는 걱정이 많은 것도 사실이다. 신세대는 개인주의 성향이 강하고 질서와 규범의식이 부족하기 때문에, 일탈현상이 빈발하거나 위계질서에 대한 거부 및 정신력 열세와 미약한 단체정신 등으로 인한 복무 부적응 현상을 초래할 수도 있다는 것이다.

이러한 신세대 장병들의 등장은 무엇보다도 병영생활에 큰 변화를 가져왔다. 요즘 병사들의 내무반 생활은 머리를 마음대로 기를 수 없다는 것과 사복을 입을 수 없다는 것을 제외하고는 대학 기숙사와 별반 다를 바가 없을 정도다. 과거에는 일과가 끝나면 고참 주재로 총기·화장실 청소, 땔감 마련 등의 잡일을 하거나 별도의 정신교육을 받으며 저녁 시간을 '때워야' 했다. 그리고 고참의 심기가 불편할 때에는 '공포의 일석점호'나 '화장실 뒤편 집합'도 각오해야 했다. 그러나 이제는 평일에도 오후 6시가 되면 밤 9시까지 3시간 동안 완전한 '내 시간'이 보장돼 공부나 동아리 활동 등을 자유롭게 할 수 있다. 군기를 잡던 일석점호도 누워서 하는 취침점호나 앉아서 하는 착석점호로 바뀌었다. 이러한 변화와 함께 개성과 자기생활을 중시하는 21세기 젊은 병사들의 욕구를 충족시켜주기 위해 록밴드 등 동아리 활동, DDR을 비롯한 오락, 인터넷 사용 등 과거에는 생각조차 할 수 없었던 일들이 일과 후에

허용되고 있다. 이러한 록밴드 동아리 외에도 마라톤, 외국어, 연극, 전산 등 여러 분야의 동아리가 운영되고 있다.[6)]

최근에는 컴퓨터와 인터넷이 군대에 보급되면서 병영생활 중 온라인게임을 즐기는 새로운 문화가 자리잡고 있다. 일과가 끝난 후, 사병들은 PC가 설치된 휴게실로 직행하여 컴퓨터를 켜고 온라인게임을 즐긴다. 사병들은 게임을 즐기면서 하루의 피로를 씻고 쌓였던 스트레스도 푼다. 그리고 게임 속에서 그동안 만나지 못했던 사람들과도 만나 정을 나눈다. 이처럼 온라인게임은 개인적인 차원에서뿐만 아니라 부대의 단결력을 키우는 데에도 중요한 역할을 담당하고 있다.

또한 과거에는 군에서 단결력 함양을 위해 중대단위 체육대회나 산악대회 등을 개최하였으나, 최근에는 온라인게임대회가 큰 관심을 받고 있다. 게임을 좋아하는 신세대들이 군에 대거 입대하면서 온라인게임이 자연스럽게 사병들 사이의 단결력을 키울 수 있는 매개체로 급부상하고 있는 것이다. '스타크래프트' 등 젊은 세대에게 인기 있는 온라인게임을 선택하여 진행되는 중대별 게임대회나 소대별 게임대회는 군의 단결력을 높이는 데 큰 힘을 발휘하여, 앞으로도 점차 군내 게임대회가 증가할 것으로 보인다. 왜냐하면 병사들이 게임에 익숙한 젊은이들인 만큼, 게임을 즐길 수 있는 여건이 주어진 이상 병영 생활에서 게임이 차지하는 비중은 더욱 증가할 것이기 때문이다.

다양한 젊은 세대 계보

산업 사회에서는 세대를 단순하게 기성세대와 젊은 세대로 구별하여 나누면 그만이었다. 그러나 후기산업사회로 변화하는 과정에서 이러한 양분법만으로는 새롭게 부상하는 젊은이들을 이해하기 힘들어졌으며, 세대차이를 제대로 설명하는 것도 어려워졌다. 1990년대 초에 우리 사회에서 활발하게 전개되었던 신세대 논의는 '기업과 매체의 상업적인 부추김의 결과'라는 지적을 받기도 했지만, 기본적으로는 세대에 관한 기존의 패러다임으로는 더 이상 새롭게 부상하는 젊은 세대를 이해하기 힘들다는 인식이 반영된 것으로 볼 수 있다.

이러한 신세대 논의 이후에도 세대에 대한 관심은 기업과 매스컴의 주도하에서 지속되었다. 1990년대 중반까지 신세대를 대표하는 말로 사용되었던 'X세대'와 2000년을 맞이하면서 관심을 끌었던 'Y세대'라는 말이 있는가 하면, 지금에 와서는 'Z세대'라는 단어까지 등장했다. 이밖에 '베이비붐세대' '밀레니엄세대' 'C세대' 'E세대' 'G세대' 'M세대' 등 무슨 의미인지도 알기 힘든 명칭들이 젊은 세대에게 숱하게 붙여져왔다. 이 명칭들은 일정한 연령층이나 그룹을 가리키는 말로 한정되지 않고, 경우에 따라서는 서로 복합적으로 어울려 사용되기도 했다는 특징을 가지고 있다.

어디로 튈지 모르는 럭비공 같은 X세대

'X세대'는 1990년대 중반에 신세대를 이르는 말로 가장 많이 쓰였던 명칭이다. 이들은 물질적인 풍요 속에서 자기중심적인 가치관을 형성했으며, 처음에는 TV의 영향을 받다가 점차 컴퓨터에 심취하기 시작했다. X세대라는 말은 1991년 캐나다 작가 더글러스 커플랜드의 소설 『X세대Generation X』에서 유래되었다.

『X세대』는 1960년대에 태어난 3명의 젊은이들의 이야기이다. 생에 대한 의욕을 상실하고 방향을 찾지 못해 방황하는 젊은이들이, 답답하고 단조로운 고향 생활에서 벗어나 캘리포니아 주의 외진 사막으로 탈출하여 구속의 끈을 풀어 던져버리고 좌절과 번민에 대해 밤낮 없이 토론한다는 내용이다. 출판 당시만 해도 주목받지 못했던 이 소설에 관심을 보인 것은 바

39

로 기업이었다. 소비시장의 전면에 새롭게 등장한 신세대를 연구하던 대기업 마케팅 담당자나 광고 제작자, 매스컴 종사자들은 아마도 이 지구상에 최초로 출현한 것이 틀림없는, 뭐라고 딱히 규정하거나 명확하게 파악할 수 없는 이 정체불명의 새로운 세대를 과연 뭐라고 불러야할지 고민했던 것이다.

그 무렵 미국에서는 새로운 세대를 지칭하는 단어로서 '트웬티 썸싱Twenty Something' '굼벵이들(Slackers)' '베이비 부스터Baby Buster' '맥 잡Mac Job(고학력자들의 범람으로 석사 출신들도 맥도널드 같은 햄버거 가게에서 일해야 하는 세대를 일컬음)' 등과 같은 용어가 사용되었다. 그러나 그 단어들이 새로운 세대를 완벽하게 표현해주지는 못했기 때문에 무엇인가 새로운 단어의 출현을 갈망하고 있던 바로 그때, 소설 『X세대』가 그들의 눈에 띄었던 것이다. 매스컴은 거의 열광적인 기쁨으로 이 표현을 차용해 새 세대를 지칭하기 시작했다. 'X세대'라는 단어야말로 무엇인지 모호해서 잡히지 않는 새로운 세대를 묘사하는 데 최적의 명칭이었던 것이다.[7] 'X'라는 글자는 기성세대를 뜻하는 베이비붐세대와는 상당히 이질적인 형태를 보이고 있지만, '마땅하게 정의할 용어가 없다'는 뜻에서 붙여졌다.

이처럼 '이해하기 힘들다'는 의미를 가진 'X세대'는 구속이나 관념의 틀에 얽매이지 않고, 자유롭게 생각하고 자신의 뜻대로 행동하는 특성을 보였다. 그래서 이들은 어디로 튈지 모르는 럭비공에 비유되기도 했다. 또한 'X세대'는 자기중심적이고 소비에 민감하며, 컴퓨터와 인터넷 사용이 가능한 세대

중 비교적 나이가 많은 연령층을 의미했다.

그렇다면 'X세대'란 과연 누구일까? 이들은 각 개인마다 다양한 특성을 가지고 있기 때문에 한 마디로 정의내리기 어려워 'X세대'라고 불렸다. 미국의 경우, 제2차세계대전 이후 태어난 베이비붐세대는 일하는 남편과 전업주부 사이에서 성장했던 반면, X세대는 대개 맞벌이 부부에 의해 키워졌다. 그래서 X세대는 때로 '열쇠세대(Key Generation)'라고 불리기도 한다. 상당히 안정된 가정에서 자란 베이비붐세대는 가정과 가족의 가치를 중요하게 여기는 데 비해, 50% 가량이 이혼 또는 별거한 부모 밑에서 자란 X세대는 가정에 대한 동경과 반발심리를 동시에 갖고 있다.

베이비붐세대는 베트남 전쟁 등 역사적인 일들을 함께 겪으며 공통된 가치관과 신념을 키워왔다. 그러나 X세대는 그런 공감대 자체가 적고, 사회 공통의 문제보다는 개인적으로 살아가는 방법에 더 큰 의미를 두는 경향이 있다. 그리고 베이비붐세대는 바라기만 한다면 이루어진다는 아메리칸 드림을 지니고 있었으나, 실업을 경험한 X세대는 20대의 경제적 자립 정도도 베이비붐세대와 비교하지 못할 만큼 부진했다. 이들은 미국 역사상 자신의 생활수준이 부모세대보다 못하다고 느낀 최초의 그룹이기도 했다. 또한 광고에 대한 불신감도 강해 일단 의심부터 하는 소비자가 바로 X세대였다. 이들은 "이 상품을 구입하면 꿈같은 생활이 가능할 것"이라는 등의 사탕발림 같은 말은 믿지 않았고, "소비자가 잘 판단하라."는 말에 더

귀를 기울였다.

X세대는 직업관에 있어서도 기성세대와는 커다란 차이를 보였다. 무엇보다도 이들 X세대는 이전 세대에 비해 직장에 대한 소속감이나 충성심이 약하고, 한 직장에 오래 머물지 않는다는 특징을 보였다. 그러나 이들이 한창 일할 시기에 미국의 경기침체가 계속되자, X세대들은 '기업이 일방적으로 약속을 깨는 직장풍토'에 적응하고 살아남기 위해 고심하였다. X세대는 '평생직장'을 믿지 않으며, 현재의 직장은 조건이 맞아서 머무르는 곳일 뿐이다. 경제와 고용시장의 불안정으로 인해, X세대들은 직장에 대한 충성이 자신에게 대가를 줄 것이라는 생각은 하지 않았으며, 한 직장에서 오랫동안 일하겠다는 약속을 주저하는 성향이 강했다. 이들은 지난 20여 년 동안 기업이 비용절감을 위해 대규모의 해고를 단행하는 과정을 보면서 자랐기 때문이다. X세대의 직장에 대한 신뢰 부족은 그러한 현상에 대한 합리적인 대응이라고 볼 수 있으며, 기업이 일방적으로 약속을 깨는 직장풍토에 그들이 적응해나가고 있다는 것을 보여준다.

물론 문화환경이 다른 미국과 우리를 일률적으로 비교하여 X세대를 해석하는 것은 힘들지만, '한국의 X세대란 누구인가'에 대한 탐구는 중요한 의미를 지니고 있다. 한국에서도 X세대라는 단어는 놀랄 만한 전파력을 가지고 퍼져나갔기 때문이다. 그러나 바로 여기에서 몇 가지 문제가 발생한다.

첫 번째는 '미국이 아닌 땅에 과연 X세대가 존재하느냐?'

라는 것이었다. 또 존재한다면 그 실체가 무엇이며, 왜 갑자기 사회 전면에 등장하기 시작했느냐는 것이다. X세대의 존재 자체를 부인하는 상당수의 사람들은, X세대란 광고 속에서만 존재할 따름이며 끊임없이 소비상품을 만들고 읽을거리를 제공해야 하는 언론이 독자에게 팔아먹을 새로운 대상을 구한 것이라고 비판했다. 이에 반해 X세대의 존재를 인정하는 측은, X세대란 허상이거나 인위적으로 창출된 세대가 아니며, 자연발생적으로 만들어졌거나 스스로 형성된 세대라고 주장했다. 둘째, X세대는 그 특징이 한눈에 들어오지 않는다는 점이다. 대략의 흐름이나 공통적인 특징은 있지만, 한마디로 명확하게 X세대를 정의내리는 것은 불가능하다. 따라서 세대 논쟁에 동원되는 기존의 관념들, 즉 한 세대에게는 반드시 일치하는 한 가지의 이데올로기가 있어야 한다는 믿음을 신봉하는 사람들에게 X세대란 그 존재 자체가 없는 것이다. 그렇지만 파편화된 특징들만으로도 한 세대를 설명할 수 있다고 생각하는 사람들에게는 X세대라는 존재가 분명하게 보이는 것이다.

미국과 우리나라의 X세대 간에는 차이점이 많다는 것도 문제로 지적될 수 있다. 우선 미국의 X세대가 갖고 있는 문화에는 저항문화가 깃들여있다. X세대는 미국 역사상 가장 많은 교육을 받은 세대이지만, 그들이 사회에 진출한 무렵인 1980년대는 실업률이 10%를 넘는 최악의 시기였기 때문이다. 반면 한국의 X세대는 1980년대 중반의 호황기에 10대를 보내고, 20대 초반 문민정부 시대를 맞아 정치·경제적으로 풍요로운 시기에 성장한 세대이다. 특히 컬러TV 등 영상매체의 발달로 인해 소비지향적 문화가 이들에게 급격히 확산되기도 했다. "X세대가 존재하고 있다는 것이 중요한 것이 아니라, 사람들이 X세대에 대해 이야기한다는 것이 중요한 것이다."라는 지적도 이와 같은 맥락에서 이해할 수 있다. 즉, X세대라는 무정형의 실체가 중요한 것이 아니라, 그 누구도 자기를 X세대라고 규정하지 않고 X세대라고 자처하는 사람이 없음에도 불구하고, 많은 사람들이 X세대에 대해 이야기하는 현상이 소비욕구를 불러일으켰다는 상품화미학의 논리를 핵심적인 예로 들 수 있다.

X세대를 단적으로 표현하는 것 중의 하나가 바로 광고 문구이다. "맘에 들면 미친다구."라는 말이나 "난 줄 때가 제일 행복해."라는 문구는 X세대의 사고방식과 사랑방식을 잘 표현하고 있다. 일본의 한 광고회사는 X세대의 라이프스타일에 '팬츠PANTS'라는 이름을 붙였는데, 이는 한국 사회에 적용해도 큰 무리가 없다. 여기서 'P(Personal, 개인화)'는 '나만의 것을 찾음'을 의미한다. 즉, X세대는 같은 옷을 입는 것을 수치라고 생각하며, 혼자 들을 수 있는 미니오디오나 워크맨을 좋아한다는 것이다. 'A(Amusement, 즐거움 추구)'는 '인생은 즐거워야 한다.'는 X세대의 사고방식을 의미한다. 이들에게는 당연히 휴식도 일도 즐거워야 하며, 심각한 영화나 책보다는 재미있고 코믹한 영화나 TV프로그램이 더 인기가 있다. 이들은 물건을 살 때에도 필요에 의해 사는 것이 아니라 '갖고 있어

서 즐겁기 때문에 산다.'는 원칙에 더 충실하다. 'N(Natural, 자연에의 욕구)'은 X세대가 생수와 유기농법으로 재배한 채소, 천연암반수로 만든 맥주 등을 좋아하는 것을 의미한다. 'T(Trans-Border, 무경계화)'는 X세대에게는 '더 이상 나이가 문제되지 않음'을 뜻한다. 일본에서는 노인용 패션 광고에까지 "패션은 사이즈일 뿐 나이가 아니다."란 말이 등장할 정도이다. 'S(Service, 서비스 중시)'는 '가격은 비싸더라도 서비스가 좋은 곳을 찾는' X세대의 성향을 의미한다. 즉, 맛이 좀 떨어지더라도 친절한 서비스와 편안한 분위기가 있는 식당이라면 그곳을 찾겠다는 것이다.

새천년 시대의 주역 Y세대

'Y세대'는 지난 1997년에 미국에서 2000년, 즉 Y2000의 주역이 될 세대를 부르면서 생겨난 용어로, 보험회사인 프루덴셜사가 미국 청소년들을 대상으로 실시한 지역사회봉사활동 실태조사보고서에서 처음으로 사용되었다. '밀레니엄세대'라고도 불리며, 베이비붐세대가 낳았다고 해서 '에코(메아리)세대'라고도 한다. 당시 'Y세대'의 나이는 13~18세 정도였기 때문에 '1318세대'라고 부르기도 했다.

닐 하우와 윌리엄 스트라우스는 함께 펴낸 『새천년 세대의 부상Millennnials rising』이라는 책에서, 새천년 세대는 앞 세대들보다 덜 반항적이며, 더 실용적인 생각을 갖고 개인의 가치보다는 집단의 가치를, 권리보다는 의무를, 감정보다는 명예를, 말보다는 행동을 중시하는 경향이 있다고 특징지었다. 이들은 메이저리그보다 스케이트보드대회에 열광하고, 비틀즈보다 스파이스 걸스를 좋아하며, 코카콜라 대신 마운틴 듀를 마시고, 정치참여보다는 자원봉사를 미덕으로 여긴다. '통신세대' 혹은 '디지털세대'로 불리는 'Y세대'가 주목을 받은 이유는 이들이 미국의 강력한 소비층으로 등장했기 때문이다. 미국의 경제주간지 『비즈니스 위크』는 'Y세대'를 특집으로 다루며 "기존의 대중적인 브랜드인 나이키, 리바이스 등이 Y세대의 취향을 맞추지 못해 곤경에 처해 있다."고 진단했다. Y세대라는 용어가 나온 지 불과 2년 만에, Y세대는 대기업의 흥망성쇠를 좌우할 만한 세력으로 부상한 것이다.

이미지를 부각시킨 광고나 유명인이 나오는 광고를 선호하던 부모세대와는 달리 Y세대는 유머와 아이러니, 직설적인 표현이 담긴 광고에 반응한다. 스프라이트의 "이미지는 아무것도 아니다. 너의 갈증에 따라라."는 카피가 Y세대에게 먹혀들었던 것이 좋은 예이다. 마운틴 듀는 10대들의 입에서 입으로 전해졌기 때문에 성공할 수 있었다. 거리에서 벌어지는 스케이트보드대회에 스폰서로 나서는 것이 TV광고보다 더 나을 수 있다는 주장도 이와 같은 맥락이다. 의류, 신발, 음료수, 음반기획사뿐 아니라 자동차회사에서도 Y세대를 이해해야 한다는 주장이 제기되기도 했다. 몇 년 내로 Y세대의 상당수가 대학을 나와 처음으로 자기 차를 사게 될 것이라고 예상했기 때문이다. GM의 시장조사 책임자는 "그들은 부모와 완전히 다른 미적 감각을 가졌다."고 말했으며, 『워싱턴포스트』는 한 신발 디자이너의 말을 인용하여 "(당신이 그들을 고르는 것이 아니라) 그들이 당신을 고른다."고 강조했다. 10대 취향에 맞게 변화해야만 경쟁에서 살아남을 수 있다는 것이다.

Y세대는 X세대의 특성을 거의 그대로 수용하고 있지만 생활양식 면에서는 차이를 보였다. X세대는 대중문화에 열광하며, 튀는 패션을 선호하고, 자기주장도 강하며, 다소 충격적인 모습을 보여주기도 하는 세대이다. 그에 비해 Y세대는 대부분 컴퓨터를 보유하고 있으며, 서구식 사고나 생활방식에 거부감이 없고 쇼핑을 즐기는 세대라는, X세대와는 조금 다른 특성을 지녔다. 또한 Y세대는 유행에 민감한 소비일변도의 세대이기 때문에, 기업이 마케팅전략 차원에서 X세대라는 말을 버리고 Y세대라는 새로운 이름을 사용했다고 보는 이도 있다.

X세대는 비록 개성이 강하고 목표의식이 뚜렷하지만 '우리'보다는 '나'만 아는 세대였던 데 비해, 야구 모자를 쓰고 정장을 한 Y세대는 그 이전 세대와는 달리 밝은 가치관과 공동체의식을 갖고 있다는 연구결과도 있다. 그러면서도 이들은 사회의 각종 범죄를 의식해 도피적인(?) 집안생활을 즐기고 있는 것으로 분석되기도 했다. X세대가 소수의 특징을 부각시킨 용어였던 반면, Y세대라는 명칭은 다수의 공통된 흐름을 보여주었다.

Y세대는 서구 대중문화의 집중적인 세례를 받고 자라면서

개인주의와 개방주의 등의 서구적인 가치관을 내면화시킨 세대이다. 이들은 컴퓨터를 생활 속에서 일반적으로 사용하는 최초의 세대로 특징지어진다. 또한 패션, 팬시 시장을 주도해 20대 이상의 X세대에게 유행을 거꾸로 전파시키는 등 대중소비의 주역으로 활약하기도 했다. Y세대는 외출했다 돌아오면 PC부터 켜고 전자우편이 왔는지 확인한다. 모르는 것은 사전을 찾기보다 통신을 활용하고, 글로 쓰는 것보다는 워드프로세서가 편하며, 취미활동이나 이성교제도 통신상에서 이루어진다. X세대의 경우에는 "나는 남과 다르다."고 말하며 자신을 의식적으로 내세웠지만, Y세대는 "나는 나다."라고 말하면서 '나라는 존재 자체가 남과 다르게 태어났다.'고 생각하는 것이다.

한국의 X세대론은 1992년 서태지와 아이들의 열광적인 인기를 업고 떠올라 1993~1994년에 홍수를 이뤘으며, 특히 소비와 유행의 첨단 계층으로 떠오른 10대 후반에서 20대 초반의 구매력 있는 일부 소비자 계층을 실제 대상으로 했다. 1998년에 한국에서 대두된 Y세대론은 과거 X세대론의 특성을 거의 그대로 수용하고 있으나, 양 계층 간 최대의 차이점은 X세대론이 일부 튀는 청소년들의 극히 예외적인 현상을 말한 것임에 비해, Y세대론은 대다수의 청소년들이 가지고 있는 태도와 가치관을 대상으로 한다는 것이다.

X세대가 대중 소비시장의 떠오르는 세대였다면 Y세대는 주력계층이 되었으며, X세대가 호출기의 세대였다면 Y세대는

컴퓨터문화가 일반화된 첫 세대다. 무인도에 한 가지만 갖고 가라면 컴퓨터와 이를 연결할 전화선이라고 대답하는 것이 Y세대인 것이다. Y세대는 첨단기기와 서구식 대중문화의 집중 세례를 받으며 자녀수가 1~2명인 소가족에서 경제적 뒷받침과 함께 자기중심적으로 키워졌다는 일반적인 특징을 갖는다.

이와 함께, Y세대는 어릴 때부터 컴퓨터를 이용해 각종 정보를 수집하거나 교환하며 오락을 즐기는 데 많은 시간을 할애해왔다는 특성도 지니고 있다. 또한 이들은 컴퓨터 세대라고 불리는 만큼 정보통신기기의 구매를 결정하는 소비주체가 되었을 뿐만 아니라 패션이나 팬시용품 시장까지 주도하였으며, 20대 이상의 X세대에게 거꾸로 유행을 전파시키며 대중소비의 주역으로 떠올랐다는 특성을 가지기도 한다. 이처럼 Y세대가 인터넷을 통해 선호하는 제품을 언제든지 쉽게 고를 수 있다 보니 순식간에 유행이 바뀌기도 했다. 그래서 전자업계가 이들에게 초점을 맞춰 인터넷을 통한 광고홍보 전략을 펼칠 정도로, Y세대는 유행과 소비를 선도했던 세대로 특징지을 수 있다.

유행에 민감한 Z세대

'Z세대'는 유행에 극히 민감한 세대라는 점이 강조되어 붙여진 이름으로 'Y세대'와 비슷한 세대이다. 'Z'라는 글자에 특별한 의미가 있는 것이 아니라 단순히 'X세대'와 'Y세대'의 다음 세대라는 뜻에서 그런 이름이 붙여졌다고 할 수 있다.

'Z세대'는 'between'의 준말인 '트윈세대'라고도 불리며, 대체로 8~14세에 속하는 어린이와 청소년 사이의 연령층을 지칭했다. 이들은 비록 어린 나이지만 경제호황기에 자란 탓에 구매력이 높고, 유행에 민감하여 부모에게서 받은 풍족한 용돈을 외모치장과 의상 및 과자류의 구입에 써버리는 특성을 지니고 있었다. 또한 이들은 부모들이 승용차나 가전제품을 살 때도 의사결정에 영향을 주며 소비시장에 막대한 영향을 끼친 세대이기도 하다.

Z세대의 특징은 인터넷의 사용은 기본이고, 이메일과 실시간 채팅으로 친구들과 대화한다는 점이다. 이들은 인터넷 게임과 랩음악을 좋아하고 헐렁한 힙합의상을 즐겨 입었다. 『뉴욕타임즈』는 Z세대가 주로 이용하는 제품에 알파벳 Z를 붙이는 새로운 마케팅 기법이 각광받고 있다고 보도하기도 했다. 영어 단어의 끝에 복수형인 S자 대신 Z자를 쓴 제품명이 나올 정도로 Z세대의 바람은 거셌다. 이러한 현상은 과자나 음료명에서부터 영화제목, 팝그룹 이름, 자동차 모델명에 이르기까지 다양한 범위에서 나타났다.

이처럼 Z마케팅이 유행을 타기 시작한 것은 'Lost Boyz'나 'Young Bloodz' 등의 이름을 가진 팝그룹이 인기를 얻으면서부터였다. 이들을 숭배하는 'Z족'이 급격히 늘어나자 발 빠른 상인들이 상품명에 'Z'를 쓰면서 유행을 타기 시작했던 것이다. 애니메이션영화 「개미*Antz*」를 제작했던 드림웍스사 관계

자는 "Z야말로 새롭게 사고하고 독립적으로 행동하는 신세대를 대표하는 글자"라고 소개하기도 했다

휴대폰 없인 못 사는 M세대

오늘날 젊은 세대에게 휴대폰은 단순한 사무용품이나 전화가 아니라 항상 몸에 부착되어 있는 신체의 일부 같은 것이다. 이들에게 휴대폰은, 친구들과의 의사소통뿐만 아니라 시간과 공간의 제약을 넘는 자신들만의 커뮤니티를 구성하기 위해 '꼭 필요한 존재'인 것이다. 이렇듯 요즘 우리 주변에서 이와 같은 '모티즌Motizen' 또는 'M세대'를 찾기란 결코 어려운 일이 아니다.

'모티즌'이란 '모바일mobile'과 '네티즌netizen'의 합성어로 '휴대폰을 이용해 무선인터넷을 하며 모바일 라이프를 영위하는 사람들'을 뜻한다. 그리고 M세대는 모티즌의 대다수를 차지하는 10대 후반~20대 초반의 젊은이들을 의미한다.

휴대폰은 전화기이기도 하지만 알람시계, 노트북, 게임기, 전자수첩 등 모든 것이 가능한 요술 상자이자 없어서는 안 될 생활필수품이 되고 있다. 모바일 강국이라 불리는 우리나라의 휴대폰 가입자 수는 이미 3천만 명을 넘어섰다. 국민 3명 중 2명이 휴대폰을 사용하는 셈이다. 기능과 서비스도 다양해져 휴대폰 하나만 있으면 못할 일이 없을 정도다. 휴대폰을 통해 외부에서 집에 있는 가전제품을 원격으로 조종하고, 교통카드

로 사용하기도 하며, 현금인출이나 계좌이체 같은 금융서비스
도 받으며 상거래도 할 수 있다. 자판기 커피를 마실 때에도,
휴대폰으로 자판기에 적힌 번호로 전화를 걸어 커피를 뽑아
마신 뒤 후불하면 된다.

휴대폰은 M세대에게 있어 개성을 표현하는 수단이기도 하
다. 다른 콘텐츠는 이용하지 않더라도 정기적으로(심지어는 매
일) 벨소리를 바꾸고 핸드폰 액정화면의 그림이나 캐릭터를
바꾸는 일을 게을리 하지 않는다. 한발 더 나아가 인터넷의 홈
페이지와 같은 폰페이지를 꾸미기도 하는데, 폰페이지는 캐릭
터, 자기소개, 올리고 싶은 글, 추천 웹 사이트 등의 내용을 담고
있다.

M세대는 휴대폰 명함으로 자신을 소개하고, 감정(emotion)
과 아이콘icon의 합성어로서 문자와 기호를 조합하여 생성한,
디지털 공간의 새 언어라 할 수 있는 '이모티콘emoticon(emotion
+icon)'을 통해 감성을 표현하며, 무선인터넷을 통해 축하카드
와 청첩장을 보내기도 한다. 그들에게는 조그만 기계 하나로
도 창의적이고 톡톡 튀는 개성을 발휘하며, 그들 나름의 낭만
과 자신들만의 세상을 만들어 가는 재주가 있다.

레드신드롬의 주역, W세대

'W세대'는 월드컵을 계기로 경제·사회의 새로운 축으로
부상한 세대이다. 'W세대'란 열광적이면서도 질서정연한 축

구 응원을 통해 국내는 물론 세계적으로 주목을 받은, 이른바 '레드Red신드롬'의 주역들을 의미한다. 레드신드롬과 함께 새로운 응원문화를 만들어낸 붉은 악마를 중심축으로 하고 있는 이들은 'R세대'라고도 불린다. 월드컵이 태동시킨 'W세대'의 정서와 행동방식은 국내경제 및 사회의 중요한 트렌드를 형성할 것으로 기대되어, 정부나 기업 차원에서의 'W세대 연구'가 필요하다는 주장이 제기되기도 했다.

붉은 티셔츠와 태극기 패션, 화려한 보디페인팅으로 대표되는 'W세대'는 뿌리나 연령상으로는 'N세대'와 중복되지만 그 성향은 크게 다르다. 'W세대'의 등장을 주시했던 현대경제연구원은 'R세대'의 특징을 자발적 공동체, 열광적 에너지, 개방적 세계관 등으로 규정했다.[8]

'386세대'가 오프라인에서, 'N세대'가 온라인에서 활동했던 것에 비해, 'R세대'는 온라인을 통해 조직화되었지만 활동공간을 오프라인(길거리)으로 끌어냈다는 점에서 차별성을 보였다. 또한 'W세대'는 강한 집단주의 성향의 '386세대'나 철저한 개인주의로 무장된 'X세대'와는 달리, 그들의 길거리 단체응원에서도 드러나듯이 개성이 강하면서도 공동체를 지향하는 특징을 보였다. 그리고 386세대나 X세대는 기성세대와 갈등하였지만, W세대는 세대를 초월하는 유대의식을 보여주었다는 점도 주목을 끌었다. 뿐만 아니라 W세대의 과감한 길거리 응원 패션과 세계를 깜짝 놀라게 한 열광적인 응원, 그리고 경기 후 자발적으로 주변을 청소하는 성숙한 시민의식이

눈길을 끌기도 했다. 그들은 자신들의 열정을 표현한 빨간색의 과감한 사용으로 한국사회의 고질적인 고정관념인 레드 콤플렉스를 단숨에 없애버렸고 태극기를 자신들만의 패션으로 승화시키는 등 사회적, 문화적으로 엄청난 변화를 가져왔다. 국가관과 민족관에 있어서도 386세대의 경우는 폐쇄적 애국주의에 가까웠으며, X세대는 국가나 민족 자체에 무관심했던 반면, W세대는 "대~한민국!"을 연호하며 강한 애국적 태도를 보이면서도 히딩크 감독에 열광하고 외국팀 응원을 자처할 만큼 개방적인 세계관을 보여 주었다.

이렇게 독특한 정서와 문화를 가진 W세대가 경제와 사회의 중심축으로 부상함에 따라 기업들도 화려함과 자유분방함으로 무장된 W세대의 성향과 감수성을 잡기 위한 마케팅 방안수립에 나서기도 했다. 기업 내 인사라인에서는 W세대 특유의 자발성과 열정, 창의성이 십분 발휘될 수 있도록 조직문화 및 조직관리 방식을 개선하는 시도도 있었다. 정부 역시 세계적으로 충격을 던져준 W세대의 이미지를 국가 브랜드로 활용하는 방안을 모색해야 한다는 주장이 제기되기도 했다.

변화의 주역, P세대

한 광고기획사의 트렌드 보고서에 등장한 'P세대'는 기성세대와는 커다란 차이를 보이는 젊은 세대를 일컫는 것으로, 사회 전반에 걸친 적극적인 참여(Participation) 속에서 열정

(Passion)과 힘(Potential Power)을 바탕으로 사회 패러다임의 변화를 일으키는 세대(Paradigm-Shifter)란 의미를 가지고 있다. 이들은 W세대처럼 축제의 장을 통해 하나로 결집하여 전에 없던 집단적 거리문화를 보여 주었고, 다양한 의견을 자유롭게 표출하고 공유하고자 하는 욕구가 있으며, 온라인과 오프라인을 넘나들며 휴먼 네트워크를 구축하는 잠재력과 자유롭고 창의적인 의식과 행동으로 고정관념과 금기를 무너뜨리는 성향을 가진 세대이다.[9]

그동안 젊은 세대는 정치·사회적 이슈에 대해 무관심한 세대로 평가받아 왔다. 그러나 P세대는 2002년의 월드컵, 촛불시위, 대통령 선거 등에서 나타난 사회적인 변화를 이끈 주역으로 등장했다. 1980년대와 1990년대에 이어 2000년대에 이르기까지 우리 사회를 떠들썩하게 했던 젊은 세대는 386세대, X세대, N세대, W세대 등으로 지칭되었다. 그렇다면 P세대는 이들과 어떻게 다른가?

P세대는 과거 386세대의 사회의식, X세대의 소비문화, N세대의 라이프스타일, W세대의 공동체의식과 행동이 모두 융합되어 나타나는 집단으로 볼 수 있다. P세대가 사회의 새로운 힘으로 떠오르게 된 성장 배경으로는 크게 4가지를 들 수 있다. 첫째, 정치적 민주화로 인해 정치 참여의 기회 및 그 영향력이 확대됨에 따라 이들은 자유주의 성향을 가지게 되었다. 둘째, 해외여행 자유화 및 IMF 이후 글로벌 스탠더드의 확산은 이들이 글로벌화와 유목민적인 특성을 갖게 하는 배경

이 되었다. 셋째, 인터넷 및 휴대전화 보급으로 인해 다양한 커뮤니케이션과 정보가 중심이 되는 라이프스타일이 형성되었다. 넷째, 경제성장으로 인해 이전 세대와는 다른 풍요로움 속에서 다양한 소비의식을 지니게 되었다는 것이다.

P세대의 가치관은 크게 3가지로 요약된다. 첫째, 유교적 가치관에서 탈피하여 다양성 추구, 탈권위주의, 적극적인 자기 표현 등 개인중심적인 의식을 보다 많이 가지고 있다. 둘째, 인터넷을 통한 관계형성, 사교, 정보공유, 수평적 토론문화 등에 익숙하다는 특성에서 나타나듯 사회적 관계형성을 매우 중요시하고 있으며, 정보교류에 매우 긍정적이다. 셋째, 이들이 추구하는 것은 재미, 도전, 자유로운 요구 표출 등으로, 참거나 고민하지 않고 자유롭게 생각하고 행동으로 옮긴다.

이와 함께 P세대는 5가지의 핵심적인 특성을 지니고 있다. 첫째는 도전(Challenge)으로, 권위와 고정관념을 거부하고 새로움과 변화를 추구하는 자유로운 사고방식을 가지고 있음을 의미한다. 둘째, 관계(Human Network)로, 자신이 갖고 있는 정보를 공유하고 전파하는 것을 즐거워하고, 같은 의식과 취미를 갖고 있는 집단끼리 뭉치기를 좋아하며 인간관계를 중시한다. 셋째, 개인(Individual)을 중시하는 특성으로, 싫고 좋음에 대해 자신의 의견을 솔직하게 표현하며, 사회발전을 위해서는 다양한 의견이 존재해야 한다고 믿는 등 개성과 다양성을 존중하는 것을 뜻한다. 넷째는 경험(Experience)으로, 한 분야의 전문가가 되느니 다양한 분야를 경험하고 싶어 하고, 물건을 살 때도 본인이 직접 확인한 후 구매하는 등 직접적인 경험과 체험을 중시한다. 감성(Fun, Feel)이 다섯 번째 특징으로, 이들은 무슨 일이든지 재미와 즐거움을 추구하고, 이들의 행동 자체에도 엔터테인먼트적인 요소가 많이 가미되어 있다. 즉, 느낌과 감성을 중시하고 선악善惡보다는 호불호好不好를 중심으로 판단하는 특징을 보인다. 이와 같은 특징들은 P세대가 사회변화를 이끄는 주역이 될 수 있음을 잘 보여준다.

P세대는 사건이 발생하면 즉시 인터넷을 통해 문제를 공유하고 확산시켜 나간다. 과거에는 대중매체나 공식적인 기관이 이슈를 만들고 대중이 이를 따라갔던 것에 반해, 인터넷이 발달하면서 주도층과 추종층의 구분이 모호해진 것이다. 사회가 변화하는 데 걸리는 시간도 1년에서 수십 년씩 걸리던 것이 인터넷 사용이 생활화되면서 순식간의 폭발적인 변화가 가능해졌다.

P세대는 우리 사회 전반을 뒤흔들어 놓은 변화의 바람을 몰고 온 태풍의 눈이다. 이 태풍은 바로 2002년, 한 달 동안 온 나라를 흥분과 감격으로 잠 못 이루게 만들었던 월드컵 열풍이었다. 월드컵은 혁명적인 패러다임 시프트라고 말해도 전혀 어색하지 않을 만큼 우리 사회에 대변화의 바람을 몰고 왔다. 거리응원에 나선 사람들은 태극기를 몸에 두르거나, 여자들은 아예 태극기로 치마를 만들어 입기도 했다. 실제로 남자들보다 더 많은 여자들이 거리응원에 참가했는데, 이는 월드컵 이전에는 상상도 못할 일이었다. 월드컵의 열풍을 이어준

촛불시위는 이미 거리문화와 집회에 대한 거부감과 어색함을 떨쳐버린 시민들의 발걸음을 한 곳으로 모이게 했다.

P세대는 축제의 장을 통해 하나로 결집하여 전에 없던 집단적 거리문화를 보여주었고, 다양한 의견을 자유롭게 표출하고 공유하고자 하는 욕구를 가지고 있었다. 또한 온라인과 오프라인을 넘나들며 휴먼 네트워크를 구축하는 잠재력을 가지고, 자유롭고 창의적인 의식과 행동으로 고정관념과 금기를 무너뜨린 세대이기도 하다. 이러한 P세대는, 정치·사회적 이슈에 무관심했던 기존의 젊은 세대와 달리, 우리 사회의 변화를 이끄는 주역으로 등장했다.

이러한 긍정적인 측면과 함께 P세대에게서 찾아볼 수 있는 부정적인 모습은 다음과 같다. 첫째, 집단의 이익보다 개인의 이익을 중시한다. 집단의 이익과 개인의 이익이 충돌할 때 이들은 개인의 이익을 중시하고, 본인과 직접 관련이 없는 공익적인 사회적 이슈에 대해서는 낮은 관심을 보인다. 둘째, 내일의 풍요로운 삶보다는 현재의 행복을 더 중요하게 여기고, 이것저것 따지지 않고 쉽게 생각하고 빠르게 행동하는 특징을 갖는다. 즉, 의사결정이 즉흥적으로 이뤄지는 경향이 강하다는 것이다. 셋째, 세대갈등에 대한 P세대의 문제 인식은 뛰어났지만, 이들은 문제 발생의 원인을 남에게서 찾는 경향이 강하다는 단점을 가지고 있다.

'젊은 세대'를 일컫는 다양한 명칭

서구에서 젊은 세대를 지칭하는 명칭들은 대개 보수적인 기성세대들에 의해 붙여졌다. 스콧 피츠제럴드의 『위대한 개츠비』로 대표되는 1920년대의 '길 잃은 세대(Lost Generation)'는, 앞길이 전혀 보이지 않는 현실에서도 인간관계와 도덕, 예술에 대해 고민하는 다분히 호사가적인 젊은이들이었다. 길을 잃고 헤매는 그들은 밤낮으로 파티를 즐겼고, 유럽의 도시에서 포도주잔을 기울이며 스키를 타거나 리비에라 해안에서 바캉스를 즐겼다. 이후 전통적인 가치를 전면 부정하는 '비트세대'가 제2차세계대전 중에 등장하였는데, 비트세대 중에서 고상한 취미를 즐기는 사람은 찾아보기 어려웠다. 젊은 세대는 그 이후에 더 극단적인 방향으로 치달아 마약과 자유분방한 섹스의 문을 연 히피들로 이어졌다. 이 시기는 남자들도 머리를 기르고, 청바지를 입고 로큰롤에 빠진 젊은이들의 반항문화가 만개한 때였다. 이러한 세대들은 상당 부분 억압을 느끼는 젊은이들이라는 점에서 그 공통점을 찾을 수 있다. 1970년대에는, 1960년대 폭발한 반문화와 이에 무관심했던 침묵세대 및 보수 기성세력의 도움 없이도 자기위치를 확고히 찾는 '여피족'과 모든 것을 부정하는 '펑크족'까지 등장해 각종 세대들의 춘추전국시대를 이루었다.

한국에서도 젊은 세대를 지칭하는 명칭은 매우 다양하다. 젊은 세대는 '짜깁기세대'라고 불리기도 했는데, 이는 워드 프로세서로 글을 쓸 때 '오려두기' 기능으로 어느 부분이든지 오려서 원하는 곳에 옮겨 붙일 수 있었던 것을 비유한 말이다. 즉, 신세대들은 글을 쓸 때, 자신이 알고 있는 소재나 아이디어를 먼저 컴퓨터에 써넣은 후 이를 '오려두기' 기능을 이용하여 짜깁기하면서 구성해나간다는 특성에서 비롯된 것이다.

젊은 세대들은 감성적이고 감각적이고 즉흥적이라는 측면에서 '리모콘세대'라고 불리기도 했다. 이는 텔레비전 리모콘을 사용하면서 생긴 것으로, TV프로그램이 좋으면 계속 보지만 싫으면 가차 없이 채널을 돌려버리는 젊은 세대의 특성에서 비롯된 명칭이다.

젊은 세대는 'C세대'이기도 하다. 이들은 컴퓨터 보급이 일반화되면서 탄생한 '컴퓨터세대' '사이버세대'이다. 'C세대'는 사이버 공간을 통해 현실과 가상현실 등 모든 세계와 접촉하고 경험하며 성장한다. '네티즌'이라 불리는 이들은, 컴퓨터 네트워크를 통해 정보를 교환하고 여론을 형성하며 한국사회의 새로운 시민층으로 떠올랐다.

젊은 세대는 '영상세대'라고도 불린다. 기성세대가 신문이나 잡지 등 문자를 읽으면서 살아온 '문자세대'인 데 반해, 젊은 세대는 태어나면서부터 동적이고 화려한 원색의 텔레비전을 접하며 살아왔기 때문이다. 이밖에 젊은 세대를 가리키는 말로는 타고난 사업 감각과 수완으로 장차 개인사업가(Entrepreneur)를 꿈꾸는 청소년세대를 일컫는 'E세대'와 스포츠와 컴퓨터게임, 만화, 음악, 영화, 춤 등 어느 한 가지에 미쳐야 직성이 풀린다는 '중독된 세대(Chemical Generation)'라는 의미를 가진 'C세대' 등이 있다. 또 푸른색을 뜻하는 'Green'과 세계화를 뜻하는 'Global'의 첫 문자에서 따온 'G세대'가 있는데, 이는 건강하고 미래지향적이며 세계화된 젊은 세대를 지칭했다.

젊은 연령층에 대한 적극적인 홍보전략의 하나로, 다음 선거에서 이기기 위해서는 'MAIN(Mobile Anytime Anywhere Internet Network)세대'의 지지를 얻어야 한다는 주장도 있다. 장차 유권자가 될 13~23세의 젊은층을 의미하는 MAIN세대의 특성은 끊임없이 이동하며 커뮤니케이션을 하고(Mobile), 시간과 장소에 구애받지 않고 의사소통을 하며(Anytime Anywhere), 능수능란한 인터넷 활용능력을 가지고(Internet), 소규모 집단 활동에 치중(Network)하는 것으로 요약될 수 있다.

'인디세대'에 대한 논의도 흥미를 끈다. 여기서의 '인디'는 '독립(independence)'이라는 말에서 나온 것으로 누구에게도 종속되기를 거부하는 젊은이들을 의미한다. 이미 독립했거나 독립을 계획 중인 20~30대라면 일단 인디 세대에 포함된다. 인디세대는 서태지, MTV, 시트콤, 드래곤볼, 밀리오레, 편의점, 채팅, TTL 등의 용어가 친근한 세대이기도 하다. 이들은 독립에 대한 강한 의지를 갖고 있으며, 협력(network)과 다양성(diversity), 재미(entertainment) 등을 중시한다.

21세기의 주역, N세대

　가상공간을 무대로 자유분방하게 살아가는 인터넷세대를 의미하는 말인 'N세대'는 '인터넷 제너레이션Internet Generation'의 줄임말로, 미국의 사회학자 돈 탭스콧이 1997년에 쓴 『디지털의 성장: N세대의 등장』이라는 책에서 처음 사용되었다. 그는 N세대를 '디지털 기술, 특히 인터넷을 아무런 불편 없이 자유자재로 활용하면서 인터넷이 구성하는 가상공간을 생활의 중요한 무대로 자연스럽게 인식하고 있는 디지털적인 삶을 영위하는 세대'로 규정했다. 이처럼 N세대는 디지털 기기를 능숙하게 다룰 줄 아는 디지털 문명의 세대이다. 어릴 때부터 컴퓨터와 친숙하기 때문에 이전의 TV세대가 일방적으로 지식이나 정보를 전달받는 세대였다면, N세대는 쌍방향 통신으로 논쟁을 벌이는 등 적극적으로 자신의 의견을 개진하는, 정보의 수동적인 소비자가 아니라 능동적인 참여자라는 특징을 지니고 있다. 이들은 책보다는 인터넷, 편지보다는 이메일, TV보다는 컴퓨터에 익숙한 사이버 세대이다. 다시 말해, N세대는 현실 세계와 다른 새로운 가상공동체의 주인공으로서, 호기심과 상상력이 풍부하고, 자유분방한 직업을 선호하는 미래의 소비자이자 21세기의 주역으로 인식되기도 한다는 것이다.

이러한 N세대가 중심이 되는 미래사회는, 국경도 의미가 없는 자유로운 네트워크 사회가 될 것이라는 전망을 낳고 있다. 이들은 인류역사상 처음으로 부모보다 더 똑똑한 '신인류'로 지칭되기도 하지만, 지나치게 디지털 문화에 탐닉한다는 점에서 디지털 감옥에 갇혀 있다는 우려의 목소리도 높다. 그러나 21세기의 신세대인 N세대는 '모든 길은 N으로 통한다'라는 표현이 잘 어울릴 정도로 디지털 기기를 생활화하고 있다.

N세대의 등장

'N세대', 혹은 '네트세대'는 디지털의 기술과 함께 성장한 세대를 가리킨다. '베이비붐세대'의 자녀들로 볼 수 있는 '네트세대'에는 컴퓨터를 막 배우기 시작한 꼬마로부터 컴퓨터를 능숙하게 다루는 20대까지 포함된다. 이 세대는 디지털 기술과 함께 성장해온 첫 번째 세대로 집, 학교, 사무실 등 모든 공간에서 컴퓨터를 쉽게 접할 수 있는 것은 물론이고, 비디오

게임이나 시디롬CD-ROM 같은 디지털 상품이 주변에 흘러넘치는 환경 속에서 성장하고 있다.

이러한 배경으로 인해, N세대에게는 디지털 문명이 전혀 낯설지 않다. 이전의 세대에게 TV나 VCR이 익숙한 것으로 여겨졌듯이, 디지털 기술은 네트세대에게 아주 자연스럽고 당연한 것으로 받아들여졌는데, 특히 컴퓨터는 이미 이들의 생활필수품이 되었다. N세대는 디지털 기술을 통해 부모세대보다 훨씬 더 많은 것을 빠르게 배우며, 기존의 방식과는 매우 다른 방식으로 학습하고, 놀고, 의사소통하는 것이 생활화되어 있다. 이처럼 디지털 환경과 함께 성장하여 디지털 기술을 자유자재로 다루는 '네트세대(Net Generation)'를 '새로운 세대(New Generation)' '디지털 키즈digital kids' '사이버 키즈cyber kids' '사이버세대(Cyber Generation)' '테크노 키즈techno kids' 등 다양한 이름으로 부르기도 한다.10)

사회문화적인 측면에서 볼 때 N세대는 디지털 매체에 둘러싸여 성장한 첫 세대라고 볼 수 있다. 이들은 어렸을 때부터 디지털 문명에 익숙해져 컴퓨터를 능수능란하게 다루는 것은 기본이고, 기존의 세대는 물론 연령이 비슷한 Z세대보다 본격적인 사이버 세대라고 할 수 있다. 그렇기 때문에 N세대가 갖고 있는 최대의 특징은, 아날로그 매체인 책이나 신문보다는 디지털 매체인 통신이나 인터넷을 통해 문화를 수용한다는 점이다. 이들은 당연히 편지나 전화보다는 이메일이 편하고, TV보다는 컴퓨터에 친숙하며, 사이버상에서 스스로 정보를 찾고 개성을 주장할 줄 아는 독립심과 자율성을 지니고 있다. 이들이 지배할 21세기에는 인터넷에 의한 전자상거래가 더욱 활성화되고, 대기업이 아닌 N세대가 창업한 벤처기업이 세계경제의 흐름을 주도하게 될 것이라는 예측도 있다.

N세대를 특징짓는 것은 연령보다도 네트워크와 통신을 삶의 일부, 혹은 가장 중요한 부분으로 인식하는 '생활의 방식'에 있다. 이들은 어렸을 때부터 컴퓨터통신이나 인터넷 등을 통해 정보를 주고받고 교육받으며 성장했다. 책이나 신문보다는 인터넷에 익숙하고, 엽서나 편지보다는 이메일이 편하며, TV나 극장보다는 PC와 더 친근한 이들에게, N세대라는 용어는 자신들의 특징을 표현하는 일시적인 명칭에 불과할 뿐이다. 이처럼 N세대는 연령이나 국적을 초월해 그들만의 세계, 그들만의 커뮤니티를 형성하는 특징을 보인다.

이러한 N세대는 문화를 주도하는 중심세대로 떠오르고 있다. 언제부터인가 기성세대들이 "요즘 텔레비전은 볼 것이 없다."는 말을 자주 할 정도로, 황금시간대인 주말 저녁 7시에 텔레비전을 보면 방송3사의 프로그램이 모두 N세대가 좋아하는 오락프로그램과 가요프로그램으로 꾸며져 있는 것을 알 수 있다. 이는 프로그램 제작자들이 N세대의 시선을 끌지 못하면 시청률 경쟁에서 밀릴 수밖에 없으니, 보다 신선하고 재미있는 것을 요구하는 N세대의 취향에 맞추느라 여념이 없기 때문이다. 텔레비전뿐 아니라 패션, 음악, 게임 등의 문화도 N세대를 대상으로 하지 않으면 더 이상 살아남을 수 없을 정도가 되었다. 이제 N세대는 대중문화의 중심부에 당당히 주역으로 등장한 것이다.

힙합 바지를 즐겨 입고 인터넷과 PC통신을 즐기며 자기주장이 강한 N세대는, 한때 새로운 주체로 각광받던 '신세대'와 'X세대'라는 말을 추방하고 문화를 대표하는 세대로서 당당히 자리 잡았다. '10대에서 20대 초반으로 진입하는 새로운 세대'라는 개념까지 포함하는 N세대들은 새로운 세대답게 사회 각 분야를 속속들이 바꾸어놓고 있다.

온라인 공동체에 익숙한 N세대들은 오프라인상의 만남에 익숙한 이전 세대들과 달리, 외모나 배경, 성별, 인종의 제약에서 자유로운 온라인 커뮤니케이션을 통해 보다 솔직하고 대담하게 자신의 생각을 말한다. 이들은 중심에 자리를 잡고 길들여지기보다는 주변 상황으로부터 독립하고 싶어 한다. 그리고 자신들의 선택에 의해 온라인 공동체에 적극적으로 참여하기 때문에 강한 지적호기심을 가지고 있다. 이러한 온라인 공동체는 취미가 비슷하거나 비슷한 목적을 가진 사람들끼리 모이기 때문에 주류문화보다 자신의 이미지를 더 중요하게 여기는 경향이 있다.

N세대는 이처럼 온라인 공동체를 기반으로 성장하여 사회성을 키워가고 있다. 특히 한국의 정치, 경제, 교육처럼 오프라인 세계가 가지는 매력이 점점 없어진다면, 온라인 공동체는 더욱 성장할 것이고, N세대는 이를 기반으로 계속 성장해 나갈 것이다. 그렇게 되면 앞으로도 하이텔을 통해 문단으로

진입하는 일이나 『딴지일보』 등의 성공사례는 더욱 많아질 것이다. N세대는 자신만의 독립성을 기반으로 주류의 힘을 가지기를 원하기 때문이다.

N세대가 기존의 X세대, Y세대 등과 비교하여 하나의 세대로 자리매김할 수 있었던 데에는 이들이 인터넷을 통한 가상 공간에서 문화적 틀을 형성하고 있다는 점이 중요한 근거로 작용했다고 할 수 있다. 따라서 N세대의 특성과 이들이 공유하는 문화적 스타일은 인터넷과 디지털 미디어가 갖는 특성과도 무관하지 않다. 이들은 현실과는 또 다른 삶의 공간인, 일명 눈에 보이지 않는 '장소 없는 공간'으로 일컬어지는 가상 세계에서 대부분의 삶을 영위하면서, 기성세대 또는 유사세대와는 다른 세대로서의 독특한 특성을 보여준다고 할 수 있다.

N세대 마인드

N세대는 서로 의견을 주고받을 수 있는 쌍방향 매체를 통해 다음과 같은 유사한 성격을 공유하게 되었다. 첫째로 다양성을 수용하는 자세를 들 수 있다. N세대는 각양각색의 사람들과 대화할 수 있는 기회가 많아짐으로써 너그러운 성격을 지니게 되었으며, 상대방이 누구인가 하는 것은 그들에게 더 이상 중요한 사실이 아니다. 둘째, N세대는 호기심이 많은 세대이다. 일방적인 정보를 수용해야 하는 TV세대와 달리, N세대에게는 세계의 지식을 담고 있는 인터넷을 탐험하는 일이

일상화되었기 때문이다. 셋째, 이들은 자기주장이 확실하며 자기의존성이 강하다. N세대가 자신만의 폐쇄된 공간 속에서 활동하기 때문에 사회성이 부족할 것이라는 일반적인 생각과는 달리, 이들은 컴퓨터를 통해 보다 넓은 세상을 경험하고 새로운 것을 배우면서 사회성을 습득하고 있다.

N세대는 자신이 옳지 못하다고 생각하는 일이나 싫어하는 표현 또는 행동에 대해 자신의 솔직한 의견을 피력하는 성향이 강하다. 이들은 좋고 싫은 것이 분명하며 "아니오."라는 대답도 자신 있게 한다. 컴퓨터를 통해 자신의 의사를 표현해 본 이들은 비판적인 사고와 능동적인 참여에 익숙하기 때문이다.

이와 함께 N세대는 개인주의적인 성향을 강하게 보인다. N세대는 언제나 나만의 새로운 것을 추구하고 다양성을 적극적으로 수용한다. 또한 일방적으로 정보를 받아들이는 데 만족하지 않고, 상호작용을 통한 직접적인 참여를 선호한다. 한곳에 뿌리를 내리고 소속감을 느끼기보다는 인터넷을 통해 끊임없이 새로움을 추구하는 것이다.

'다중인격'도 N세대의 또 다른 특징이다. N세대에게는 인터넷상에서 열 개의 대화명을 가지고 살아가는 게 낯설지 않다. 그리고 여러 개의 윈도우 창을 열어놓고 온라인상에서 대화를 나누는 동시에 일을 수행하는 멀티태스킹이 몸에 배어 있다. 한 번에 한 가지씩밖에 할 줄 모르는 도스Dos세대인 기성세대와는 달리, N세대는 여러 가지 일을 동시에 추진할 수 있는 윈도우세대라고 볼 수 있다.

N세대 문화는 다른 세대와 구별되는 특성을 갖고 있는데, 이 가운데 가장 긍정적인 특성은 능동적인 정보검색으로 얻어진 독립적인 사고와 비판능력이다. 인터넷상에서 검색명령어를 이용해 현재 이슈가 되고 있는 사회문제에 대한 정보를 모으고, 이에 대한 자신의 의견을 분량에 관계없이 표현할 수 있기 때문이다. 이러한 비판이 100% 논리적이거나 이성적인 것은 아니겠지만, 이러한 습관이 장차 사회문제의 '대안'을 제시할 수 있는 능력으로 이어질 수도 있다.

접속세대

인터넷과 함께 성장한 N세대는 개성을 중시하는 소비주체라는 점에서 과거의 X세대와 다를 바가 없다. 그러나 이들에게는 X세대와 구별 지을 수 있는 큰 특징이 있는데, 바로 네트워크와 디지털이다. N세대는 통신이나 인터넷을 통해 정보를 얻으며, 전화보다는 이메일, TV보다는 컴퓨터를 선호한다. 또한 N세대는 디지털 기술, 특히 인터넷을 아무런 불편 없이 자유자재로 활용하면서 인터넷상의 가상공간을 삶의 중요한 무대로 활용한다. 이들은 사이버스페이스에서 일상생활에 필요한 모든 정보를 수집하고, 세계를 무대로 친구를 사귀며, 관심분야가 비슷한 사람끼리 모여 자신들만의 가상사회를 만들기도 한다.

컴퓨터와 인터넷의 발달은 N세대를 낳은 가장 큰 요인이라고 할 수 있다. 몇 해 전부터 확산된 PC방 열풍에서도 알 수 있듯이, 인터넷이 N세대에게 미치는 영향은 실로 대단하다. 이들은 인터넷을 통해 리포트를 쓰는 데 필요한 자료를 찾고, 채팅 사이트를 통해 새로운 친구를 만난다. 그런가 하면 홈페이지를 만들어 사람들을 초대하고, 친구와 함께 네트워크 게임을 즐기기도 한다. 한마디로 컴퓨터는 N세대의 배움터인 동시에 놀이터인 셈이다. 뿐만 아니라 인터넷은 음악감상은 물론 영화감상, 상품구입, 중고품매매, 경매 등 다양한 활동을 온라인상에서 가능하게 하므로, 인터넷 세대인 N세대의 발전 가능성은 무한하다고 할 수 있다.

N세대는 자신이 원하는 정보를 적극적으로 검색하는 특성도 지니고 있다. 예를 들어, 애니메이션 마니아들은 전 세계의 애니메이션 사이트를 검색하여 그에 관한 정보를 얻는다. 그리고 좋아하는 스타가 있는 경우에는 인터넷으로 스타에 대한 정보를 검색하고, 팬들과 정보를 공유하기 위해 팬클럽에 가입하며, 친구를 사귀고 싶은 사람들은 온라인 대화방에 참여함으로써 쉽게 친구를 사귈 수 있게 된 것이다.

N세대 언어

N세대의 언어문화도 주목할 만하다. PC통신 및 인터넷에서 유행하기 시작한 신조어들이 N세대의 언어생활에 깊숙이 자리 잡으면서 새로운 언어문화가 형성되고 있다. 예를 들어,

"⋯⋯하져." "⋯⋯하시압." "그러좀." "⋯⋯함다(합니다)." 등 귀여운 느낌을 주는 어미에서부터 '엽기적인(대단한)' '똥꼬' '펀글' 등의 신조어에 이르기까지 다양한 N세대의 언어가 통신을 통해 만들어지고 있는 것이다.

이러한 신조어와 함께 기존의 언어를 비틀어 사용하는 N세대의 언어습관도 주목할 만하다. 특히 비속어의 일상화와 구어체 문장 및 여러 가지 의미를 담고 있는 약자의 사용에 관심을 가질 필요가 있는데, 비속어를 어두운 의미보다는 밝은 의미로 사용한다는 점이 독특하다. 구어체 문장은 채팅의 영향이 크게 받아 발음상 줄일 수 있는 말은 과감하게 줄인다. 예를 들어 '같이'는 '가치'로, '드디어'는 '드뎌'로, '이었다'는 '이어따'로 표기하는 식이다. 이런 식의 한글 표기를 통해 그들은 함께 대화하는 또래끼리 동질감을 느끼고 공감대를 형성해나간다.

이러한 N세대의 독특한 언어사용은 다음의 예에서 잘 드러난다. 'PK'라는 단어는 기성세대에게 부산경남 지역을 지칭하는 약어로 알려져 있다. 정치권에서 사용되는 'PK세력' 혹은 'PK출신'이라는 말이 바로 그것이다. 그러나 N세대에게 'PK'라는 단어는 'Player Killing'을 연상시킨다. 'Player Killing'이란 'MUD게임(여러 사용자가 채팅을 하며 온라인상의 가상공간에서 하는 게임)에서 다른 게이머를 죽이는 것'을 말한다. 기성세대에게 정치나 권력이 일상의 한 부분이듯이, 온라인게임은 N세대의 일상생활이며, 온라인상의 가상공간은 N세대에게 있어 자연환경과도 같은 존재이다.

N세대가 사용하는 말 중에는 'lol'이라는 말이 있는데, '크게 소리 내어 웃는다'라는 뜻을 가진 'laughing out laughing'의 약어로 영어 채팅에서 자주 쓰인다. 그리고 N세대는 이 약어가 사람이 만세를 부르는 모양을 닮았다는 점에 착안하여 만세를 부른다는 뜻으로 사용하기도 한다. 따라서 'lol'이라는 단어는 웃는 모양을 나타내는 표현인 'laughing out laughing'이라는 의미를 함축하고 있는 동시에, 사람이 만세를 부르는 모양을 나타내기도 한다. 즉, 'lol'은 표의문자이자 상형문자인 것이다.

또 다른 예로, 기성세대는 '비됴'를 보고 '혹시 비료의 오자가 아닐까?'라고 생각하는 데 반해, N세대는 당연히 '비디오'를 나타내는 말로 받아들인다. 채팅에서는 이처럼 단어를 들리는 대로 표현하는 경우가 매우 많기 때문이다.

이러한 현상이 언어를 오염시키고 맞춤법을 파괴한다고 볼 수도 있으며, 일부에서는 채팅에서 쓰이는 N세대의 말들이 언어오염의 주된 원인이라고 비판하고 있다. 하지만 N세대는 그러한 비판에도 아랑곳하지 않고, 새로운 형태의 언어를 만들어 자유롭게 사용하고 있다.

N세대에게 온라인 언어를 쓰지 말고, 표준말만 사용하라고 강요할 수는 없다. 그것은 그들에게 수영장에서 일상복을 입어야 한다는 말처럼 들릴 것이기 때문이다. N세대의 언어는 온라인 채팅에 맞도록 발달되어온 것이며, N세대는 자신들의

언어생활에 대한 비판과 상관없이 그들의 스타일대로 살아가고 있을 뿐이다.

휴대폰의 버튼을 이리저리 눌러 1분에 수십, 수백 글자의 문자메시지를 보낼 수 있는 실력을 지닌 N세대는, 그들만의 은어를 만들어내기도 한다. 예를 들어, "네가 그럴 줄은 몰랐어. SM이야."라는 말에서 'SM'은 곧 '실망'을 가리킨다. 마찬가지로 'BS'는 '배신', 'TK'는 '땡큐', 'BT'는 '변태'를 가리키는 은어이다.

N세대 놀이문화

N세대는 방과 후에 학교 친구들과 함께 몸으로 부대끼며 농구나 축구를 하기보다는 PC방에서 함께 온라인게임을 즐긴다. 이들은 이처럼 또래집단을 형성하여 자신만의 가상공간에 드나들며, 어른들이 알 수 없는 자신들만의 언어로 대화한다. 그리고 이러한 또래집단에 들지 못하는 사람은 과감하게 '왕따'를 시킨다.

N세대를 이야기할 때 빼놓을 수 없는 중요한 것으로 온라인 채팅을 들 수 있다. 다양한 사람들과의 접촉이 가능한 온라인 채팅은 그 열기가 대단하여, '새탈족'(밤새 채팅하다 새벽에 만나는 이들) 등 많은 신조어를 등장시켰다. 온라인 채팅은 무엇보다 시간과 공간의 제약을 받지 않고 대화를 나눌 수 있다는 큰 장점을 가지고 있다. 자칫 일회적이고 즉흥적인 인간관

계가 형성되지 않을까 우려하는 목소리도 있지만, 온라인 채팅은 자신의 고민을 익명성이 보장된 곳에서 말할 수 있다는 장점을 가지고 있다.

문자메시지 사용도 N세대의 중요한 특성 중 하나이다. 한 조사 결과에 따르면 하루에 오고가는 문자메시지 수가 수천만 통에 이른다고 하니, 휴대폰의 문자메시지가 얼마나 많이 사용되고 있는지를 짐작할 수 있다. 문자메시지가 이처럼 많이 사용되는 이유는 문자메시지를 통해 신속하게 의사를 전달할 수 있기 때문이다. 물론 음성통화가 더 빠르기는 하겠지만, 수업시간과 같이 통화를 할 수 없을 때나 꺼내기 어려운 말을 할 때처럼 음성으로 전달이 곤란한 경우에 문자메시지는 더욱 유용하게 쓰인다. 또한 문자메시지는 단순히 글자를 전달하는 기능에 그치지 않고, 하트나 스마일 등의 기호를 사용하여 감정을 표현할 수 있다는 장점을 가지고 있다.

N세대의 놀이문화는 온라인게임에 대한 관심에서 잘 드러난다. 예컨대 '스타 크래프트'는 우리나라 N세대들에게 선풍적인 인기를 누렸던 게임으로, 이 게임을 못하면 왕따가 될 정도였다. '스타 크래프트'가 이처럼 인기를 누릴 수 있었던 것은, 무엇보다도 이 게임이 기존의 컴퓨터와 사람 간의 게임이라는 차원을 넘어섰기 때문이었다. 즉, 사람들이 인터넷을 통해 실시간으로 어느 곳에서나 서로의 실력을 겨룰 수 있도록 했을 뿐만 아니라, 승패에 따라 개인에게 점수가 부여되어 참여자들 간에 승부욕을 불러일으켰기 때문이라고 할 수 있다.

N세대들이 이처럼 손쉽게 온라인게임을 즐길 수 있게 된 계기로는 무엇보다도 PC보급률과 PC방의 증가를 들 수 있다. 특히 2002년 월드컵 당시에 한국을 방문했던 기자들이 놀라움을 금치 못했을 정도로 초고속 통신망을 갖춘 수많은 PC방은, N세대들이 적은 돈으로 원하는 시간에 언제나 온라인게임을 즐길 수 있다는 점에서 그들의 새로운 놀이 공간으로 자리 잡았다. 이렇듯 온라인게임은 N세대를 나타내는 대표적인 놀이문화라 할 수 있다.

N세대의 허와 실

인지능력이 생길 때부터 컴퓨터와 친숙해졌던 N세대는, 이제 통신뿐만 아니라 교육, 취미, 오락 등 생활 전반에 걸쳐 변화를 주도하고 있다. 또한 이들은 이미 컴퓨터통신과 이동통신 등 사이버공간에서 최대세력으로 자리 잡고 있다. 휴대전화와 노트북 또는 PC와 MP3 플레이어가 기본 장비인 N세대는 하루 일과를 이메일 확인으로 시작하는 것은 물론이며, 심지어 특이한 라면과 떡볶이를 만드는 방법도 네트워크를 통해 배운다.

이러한 N세대는 여가시간에는 인터넷에서 오락을 즐기고, 게임도 네트워크를 통해 즐길 수 있는 것을 좋아한다. N세대는 정보전달 속도가 빨라 새로운 패션이나 유행을 창조하며, 시장에서도 그들의 파급효과는 엄청난 위력을 발휘하고 있다.

이처럼 컴퓨터와 네트워크가 엮어내는 디지털 체계 속에 살고 있는 N세대는 '지금(Now), 새롭게(New)' 나타나는 정보에 관심을 갖는다는 특성이 있다.

한편 이렇게 독립적이고, 디지털 문화를 뿌리 삼아 더 많은 기술로 무장한 N세대 중에는 타고난 사업 감각과 수완으로 장차 개인사업가를 꿈꾸는 청소년 세대를 일컫는 'E세대'도 포함되어 있다. 그리고 '중독된 세대'라는 뜻의 C세대(Chemical Generation)는 스포츠, 컴퓨터통신, 게임, 만화, 음악, 영화 춤 등 어느 한 가지에라도 미쳐야 직성이 풀리고 평안을 얻는다는 특성을 갖고 있는데, 이러한 C세대의 특성 역시 N세대의 일면이라고 할 수 있다.

사회학자인 로버트 불라이가 "아이들에게 권력이 넘어갔다. 오늘날 우리는 절반짜리 성인에 의해 만들어진 문화권에 살고 있다."라고 주장할 만큼 N세대들이 사회에 미치는 영향은 만만치 않다. 그들은 인터넷이 인류문화를 전반적으로 개편하고 있다는 사실에 힘입어 사회 곳곳에서 자리를 잡아가고 있다. 그리고 N세대는 인터넷 등 다양한 디지털 통신을 자유자재로 활용하여 자기 것으로 만들어가면서 이전에는 없었던 그들 나름대로의 문화를 창출하고 있다.

한편 N세대는 개성이 강한 것처럼 보이지만, 실제로는 유행에 민감하게 반응하는 몰개성의 세대라거나 이웃과 공동체에 무관심하며, 사회적인 책임감이 없을 뿐 아니라 버릇없다는 비난을 받기도 한다. 사실 N세대가 열광하는 것은 채팅과

게임, 유명 연예인의 팬클럽 정도다. 그렇기 때문에 사회나 환경 등에 관한 진지한 토론공간에서 N세대의 적극적이고 능동적인 모습을 찾아보기란 그리 쉽지 않다.

N세대의 적극적인 참여 및 능동적인 행동, 분명한 자기주장 등 긍정적인 특성 이면에는 개인 정보의 유린 및 불건전한 정보의 범람, 인터넷 중독증 등의 어두운 그늘이 도사리고 있다. 이처럼 통제가 어려운 인터넷의 특성을 이용해 음란물이나 폭력에 관한 반사회적인 사이트들이 속속 늘어나고 있는 추세이다.

신세대의 경우와 마찬가지로, N세대 역시 기업의 마케팅 전략에 의한 상업적인 부추김에 영향을 받는다는 지적도 귀담아 들을 필요가 있다. 새로운 세대에게 N세대라는 자의식을 불어넣고, 그들을 영향력 있는 사회적 존재로 만든 것은 단지 기업의 마케팅과 광고였을 뿐이며, N세대란 다른 세대들처럼 소비자로서의 능력이 없어지면 사라져 버릴지도 모르는 존재라는 것이다.

여기에서 예측할 수 있는 또 하나의 사회적 진통은 바로 세대갈등이다. 기성세대와 N세대의 갈등은 지난 어느 세대갈등보다 극심한 혼돈과 불안을 낳을 수 있기 때문이다. 무엇보다 기성세대는 자신들과 상당히 이질적인 N세대를 우려의 눈으로만 바라보고 있는데, N세대는 컴퓨터나 인터넷에만 빠져 있기 때문에 극단적인 개인주의를 몰고 와 사회를 황폐화시킨다는 것이다. 어쩌면 기성세대는 앞으로도 N세대의 사고를 전혀 이해할 수 없을지도 모른다.

몇몇 사회과학자가 지적하듯이 현대사회의 가장 큰 비극 중 하나는, 한 사회 안에서 농경시대의 사고를 가진 사람과 공장체제에 길들여진 사람, 그리고 정보화시대를 살아가는 사람이 함께 공존의 길을 찾아야 한다는 점이다. 이는 사회의 변화 속도가 너무 빠른 데서 생겨난 것으로, 특히 압축적인 고도성장을 겪은 한국사회의 경우에는 문제가 더욱 심각하다고 할 수 있다.

그러나 정보와 기술을 익숙하게 다룰 줄 아는 N세대가 앞으로 우리 사회의 변화를 주도할 것은 분명한 사실이다. 그들이 개성을 기반으로 하여 전자민주주의라는 꽃을 피울지, 아니면 사이버 공간에만 탐닉하는 이기주의적 사회를 건설할지 결정하는 것은 우리가 어떤 준비를 하느냐에 달려 있다.

끊이지 않는 젊은 세대론

젊은 세대에 대한 관심은 오늘날에도 계속되고 있으나, 이들을 지칭하는 용어는 매우 다양해졌다. 지금의 젊은 세대는 단어 하나만으로 공통분모가 형성되던 과거의 젊은층과는 달리, 그 안에서 어떤 명확한 공통점을 찾기가 힘들어졌기 때문이다.

포스트386세대

1990년대 초반에 '~이후'를 뜻하는 '포스트'라는 표현이 유행한 적이 있는데, '포스트모더니즘'과 '포스트마르크스주의' 등을 예로 들 수 있다. '포스트386세대'는 '386세대' 이후에 나타난 젊은층을 의미하는 것으로 '2035세대'라고 불리기도 한다. 포스트386세대는 고도의 경제성장 속에서 높은 소비성향과 자유분방한 가치관을 지닌 X세대와 인터넷, PC, 휴대폰에 익숙한 네트워크 세대인 N세대의 특성을 함께 지니고 있는 세대이다. 그리고 이 세대는 기존의 386세대와는 가치관과 성향 면에서 뚜렷한 차이를 보인다는 점에서 관심의 대상이 되고 있으며, 이 차이점은 386세대와 기성세대의 차이 못지않게 뚜렷하다는 평가를 받기도 한다.

포스트386세대는 개인주의 성향이 매우 강하다는 특성을 가지고 있다. 현재 젊은이들의 관심이 '얼짱' '몸짱'이라 불리는 개인적인 요소들에 몰리고 있는 현상이 그 좋은 예이다. 포스트386세대의 개인주의 성향은 이들의 직장관에서도 잘 나타나고 있는데, 이들은 직장보다는 '내 일'에 강한 집착을 보인다. 따라서 포스트386세대는 월급을 더 많이 주는 곳으로 쉽게 옮겨가거나 상사가 자신이 싫어하는 일을 시키면 항의하는 경우가 많다. 그리고 2004년에 있었던 대통령 탄핵 반대 촛불시위 때, 일부 참석자들이 "왜 구호를 외쳐야 하느냐?" "플랜카드를 들지 말라."며 반발한 것은 개인적으로 참석했으니 집단행동을 강요하지 말라는 요구로 이해할 수 있다. 또한 포스트386세대는 기회만 되면 해외로 나가 뿌리내리기를 원하는데, 우리나라 기업보다는 외국계 기업을 선호하고, 한국에서 취직이 안 돼 걱정하는 것보다는 외국에서 직장을 갖는 것이 차라리 낫다고 생각한다. 이들에게는 이민도 전혀 문제

될 것이 없을 만큼, 국가보다는 '나'의 존재가치가 중요해진 것이다.[11)]

　포스트386세대는 결혼이나 이성 문제에 매우 개방적인 태도를 보인다. 이들은 결혼할 의사가 있다면 먼저 함께 살아보는 것도 괜찮다는 생각을 가지고 있다. 이들은 자유로운 섹스를 추구하는 경향이 강하며 동거나 이혼에 대해서도 매우 관대하기 때문이다. 또한 포스트386세대는 부부의 가사분업 경계가 모호하다는 특성을 지니며, '자녀가 인생의 가장 큰 즐거움'이라는 '스위트 홈'식의 사고방식에 전적으로 동의하지는 않는다.

　386세대와 포스트386세대를 비교해보면, 오래전부터 세대론의 중심을 차지했던, 기성세대와 젊은 세대를 나누는 기준을 연상할 수 있다. 예를 들어, 직장에서 조직과 개인 중 어느 것에 우선을 두고 있는지, 가족·결혼·성 등에 관해 진보적인 견해를 지니고 있는지 등이 바로 그것이다. 일반적으로 기성세대가 조직을 개인보다 중시했듯이 386세대는 포스트386세대에 비해 조직을 우선시하는 경향이 강하다. 가족관과 결혼관 등에서도 젊은 세대는 기성세대에 비해 진보적인 견해를 지녔듯이, 포스트386세대는 386세대보다 상대적으로 진보적이고 개방적인 성향을 보인다. 이러한 비교는 성 관념에 대한 비교에서도 뚜렷이 나타나는데, 포스트386세대는 386세대에 비해 성에 대해 개방적인 태도를 지니고 있다.

　이러한 비교는 젊을 때는 진보적이었으나 나이가 들면서

보수적으로 변해가는 젊은 세대의 모습을 보여준다. 저항운동의 전위였던 386세대가 점차 사회에 '적응'함에 따라 포스트386세대와 결별하고 있다는 지적도 이와 같은 맥락에서 이해될 수 있다. 그러나 변화하는 386세대도 사안에 따라서는 기존의 저항의식을 고수한다는 점에도 주목할 필요가 있다.

포스트386세대는 명분과 이념보다는 현실을 중시한다. 이들은 주변 사람들의 반응에 더 이상 연연해하지 않으며, 타인의 의견에 자신이 구속되는 것도 쉽게 허용하지 않는다. 또한 관념적인 것보다 현실적인 것을 선호하는 포스트386세대는 자신이 좋아하고, 자신의 현재와 미래에 도움이 되는 것이라면 다른 사람의 눈치를 보지 않고 과감하게 선택한다. 386세대에게는 좌·우 이념이나 反 기업 정서에 관한 토론이 흥미를 끌지만, 포스트386세대는 그러한 논의를 고리타분한 것으로 여기고 취업이나 개인적인 취미활동 등에 더 큰 관심을 보인다. 이러한 포스트386세대의 특징으로 인해 기업의 사원 채용과 교육, 훈련 방식도 변하고 있다. 예전에는 사원 간의 인화와 조직적응력을 중시했지만, 요즘은 개인이 가지고 있는 독창성과 끼를 더 중시하게 된 것이다. 사내교육도 집단적으로 받는 방식에서 인터넷을 통해 혼자서 할 수 있는 온라인 교육 위주로 바뀌고 있다.

포스트386세대의 자본주의와 세계화에 대한 긍정적인 견해도 주목할 만하다. 즉, 포스트386세대는 386세대에 비해 자본주의적 시장경제 체제에 큰 호감을 갖고 있으며, 시장개방에도 보다 적극적이다. 386세대 중에는 '국가경제를 보호하기 위해 외제상품의 수입을 제한해야 한다.'거나 '외국회사들이 한국경제에 해를 끼치고 있다.'고 생각하는 사람들이 많지만, 포스트386세대는 외국상품 대한 개방을 시장경제의 전제조건으로 수용하는 경향이 높다. 이는 포스트386세대가 자본주의와 세계화를 '대세' 혹은 '주어진 것'으로 여기고 있으며, 다른 대안이 있다고 생각지 않기 때문에 이를 긍정적으로 인식하는 것이라고 볼 수 있다.

포스트디지털 세대

'아날로그세대'와 대비되는 '디지털세대'는 젊은 세대를 일컫는 또 하나의 용어로서 인터넷과 사이버상의 디지털 문화가 보편적인 시대에서 살아가고 있는 젊은이들을 의미한다. 이들에게 '디지털'은 더 이상 학습의 의미가 아니라 일상생활의 한 부분으로서 자리 잡고 있다. 디지털세대의 코드를 읽지 못하거나 거부한다면 비주류가 되어버린다는 사실을 부정할 수 없을 정도로 이들의 바람은 거세다. 그러나 이들은 기술 자체를 위한 차가운 기술과 이기적 개인주의의 한계를 벗어나지 못한다는 지적을 받기도 한다.

'포스트디지털세대'는 바로 이러한 디지털시대의 한계를 뛰어넘는, 인간을 위한 따뜻한 기술과 수평적 네트워크의 진화, 공동체 문화의 확산으로 아날로그적 가치를 되살리는 젊은 세대를 의미한다. 포스트디지털세대는 디지털 환경과 문화 속에서 성장하면서 디지털 기기와 매체를 자유롭게 활용해 자신의 감정과 욕구를 적극적으로 표출해왔다는 특징을 지니고 있다. 또한 이들은 차가운 기계적 디지털 환경에서 자랐음에도 불구하고 인간적인 아날로그적 감성을 소유하고 있는 세대이기도 하다.[12]

포스트디지털세대는 인간중심의 가치추구를 위해 가장 효율적으로 디지털문화를 활용할 수 있는 세대이다. 이들에게 있어 디지털매체와 디지털문화는 자신의 몸과 같이 익숙하고 편안한 것이고, 이 같은 자신감을 바탕으로 아날로그문화에 길들여져 있던 기성세대와는 다른 방식으로 자신을 표현하고 삶의 가치를 추구한다.

이들에게 디지털 기기는 새로운 것이자 배워야 하는 기계가 아니라 일상적인 것이며 필요에 의해 자연스럽게 터득하게 되는 생필품이다. 그리고 이들은 기성세대가 차갑고 기계적이라고 느끼는 디지털문화에서 따뜻하고 인간적인, 아날로그적 정감을 찾아 표현하는 세대이기도 하다. 실제로 포스트디지털세대는 자신을 둘러싼 인간관계를 유지하고 강화하는 도구로 디지털 기기를 활용하고 있다.

또한 포스트디지털세대에게는 디지털적인 온라인 세계와 아날로그적인 오프라인의 경계가 큰 의미를 갖지 않는다. 즉, 온라인은 오프라인을 위한 세상이며 오프라인은 온라인의 연장이 되는 것이다. 인터넷 소설이 영화로 만들어지고, 인터넷

'얼짱'이 연예계에 데뷔하며, 온라인에서의 의사표현이 오프라인에서의 행동으로 연결되는 등이 그 예이다.

이러한 포스트디지털세대가 가지고 있는 특징은 다음과 같다. 첫째, 인간관계를 위한 디지털이다. 포스트디지털세대에게 있어 '디지털'이란 무엇보다 사람들 사이의 관계를 만들고 그 관계를 더욱 돈독히 하는 커뮤니케이션의 수단이라고 할 수 있다. 둘째, 표현하기 위한 디지털이다. 포스트디지털세대는 다수 속에 묻혀 있는 내가 아니라 '다수에게 보이는 나'인 동시에 '주목받는 나'이기를 원한다. 셋째, 시각적인 라이프스타일이다. 포스트디지털세대에게 이미지와 비주얼은 문자를 보완하기 위한 보조적인 요소나 선택사항이 아닌 주요 요소이자 필수요건이다. 이들은 문자로만 이루어지는 커뮤니케이션에 대해 거부감을 보이며, 문자를 사용하는 경우에도 이모티콘과 의성어 및 의태어를 이용하여 다양한 감정을 표현한다. 넷째, 낙천적인 라이프스타일이다. 이들은 실수를 크게 두려워하지 않고, 언제든지 다시 새롭게 시작할 수 있다고 생각한다. 다섯째, 즉시성이다. 포스트디지털 세대는 느린 것을 답답해하는 수준을 넘어 어떤 결과든 '바로' 나오는 것을 당연하게 생각한다. 디지털 카메라, MP3플레이어, 위성DMB서비스 등은 모두 포스트디지털 세대의 이러한 특성이 반영되어 탄생한 상품들이다.

'나'세대

　오늘의 젊은 세대는 '나(Na)'를 강조하는 세대이다. '나'세
대는 한 일간지가 오늘날 20대의 특성을 다각도로 조망하면서
'나'를 영어 발음대로 옮겨 쓴 데서 생겨난 신조어이다.[13] 이
들은 자유분방하고 틀에 얽매이지 않으며 개성이 강하다. 이
들은 남보다는 나에 대해 집중하며, 자신을 드러내는 데에도
익숙하고 적극적이다. 자신의 인생을 보다 자유롭게 영위하기
위하여 이들은 자신을 위해 적극적으로 투자한다. '나'세대는
이전의 세대에 비해 정치적 관심도가 낮은데, 그 이유로 타인
에 대한 관심보다는 자신의 문제에 더 민감한 개인주의적 특
성과 인터넷 세대로서 정치 외적인 부분에 더욱 관심이 많다
는 점 등을 들 수 있다.

　'나'세대의 개인주의적 특성은 이 세대를 '폐인廢人세대'라
고 부르는 데에서 잘 드러난다. 이때 '폐인'이란 특정 사안에
만 몰입하는 사람을 뜻한다. 여러 종류의 폐인 중에서 오늘의
젊은 세대에게 가장 많이 나타나는 것은 인터넷 폐인으로, 이
들은 하루 종일 게임에만 몰두하거나 미니홈피를 관리하는 데
시간을 보낸다. 댓글 달기 경쟁을 벌이는 것도 인터넷 폐인의
초기 증상으로 볼 수 있다. 인터넷 폐인 외에도 PC방에서 하
루 종일 온라인게임만 하는 '게임 폐인'이나 특정 드라마에
열광하는 '드라마 폐인'이 있는데, 드라마 폐인은 같은 드라마
를 열 번 이상 반복해서 시청하고 그 드라마를 지지하는 글을

인터넷상에서 퍼뜨리기도 한다.

개인을 중시하는 '나'세대는 '개인의 역량 키우기'에도 적극적이다. 이들은 젊은 패기와 열정을 다양한 분야에 쏟으며, 자기계발에 적극적인 태도를 취한다. 또한 자기 자신의 건강뿐만 아니라 아름다운 얼굴과 몸매를 위해서도 시간과 돈을 아낌없이 투자한다. 다이어트와 성형수술 열풍이 일고 요가학원이나 헬스 센터에 젊은층이 몰리고 있는 것은, '나'세대가 자기관리에 시간과 비용을 아낌없이 투자하고 있다는 것을 잘 보여주는 예이다. 자기계발에 열심인 젊은 세대의 특성은 '스펙'을 준비하는 과정에서 잘 드러난다. 어학, 자격증, 연수, 봉사 등의 경력이 기록된 개인 취업준비 성적표라는 의미의 '스펙'은 '나'를 세일즈하는 데 가장 중요한 부분을 차지하고 있는 것이다.

오늘날 젊은 세대는 취미생활을 위한 투자를 아끼지 않는다. '나'세대는 즐거움을 무엇보다 우선으로 생각하고 자신이 좋아하는 것에 적극적으로 투자하는 'Fun세대'로서, 이들에게 '잘 논다'는 것은 그저 편안히 쉬는 것이 아니다. 이들은 제대로 즐기기 위한 여러 가지 방법을 준비하고 계획한다. 클럽에서 자신을 돋보이게 하기 위해 댄스학원에 다니는 것은 물론, 평소 인터넷으로 최신 게임동향을 파악하고, 최신장비를 구입하기 위해 험한 일을 마다하지 않는다. 또한 이들은 놀이에서도 주로 도구를 사용하는 경우가 많으며, 동호회를 통해 놀이문화를 형성한다.

'나'세대는 온라인으로 인연을 맺고 의사소통을 전개한다. "나는 접속한다, 고로 존재한다."라는 말에서 알 수 있듯이 이들은 인터넷을 통해 일하고, 대화하고, 놀고, 사랑한다. 그리고 '나'세대는 오프라인에서 맺은 인연만큼이나 온라인에서 맺은 '넷Net연'도 중요하게 생각한다. 온라인을 통한 넷연은 의사소통이 효율적이며 기존의 학연과 지연을 뛰어 넘는다는 장점을 가지고 있다. 그리고 네트워크에서의 응집력과 문제해결 능력도 뛰어나 이슈가 터졌을 때마다 인터넷을 매개로 한 네트워킹으로 삽시간에 자신들의 공감대를 만들어내며, 자신의 견해를 과감하게 표출한다.

'나'세대는 '블로그세대'이기도 하다. 블로그세대의 은어나 방언은 그 양에서 이전의 세대를 압도하고 있으며, 새로운 언어가 만들어지고, 퍼지고, 사라지는 속도 역시 이전 세대에 비해 훨씬 빠르다. 어릴 때부터 책보다는 영상을 많이 접하며 살아온 블로그세대는 텍스트보다 의태어나 의성어, 몸짓 등을 선호하는 경향이 강하다. 그렇기 때문에 채팅을 할 때에도 상대방이 이모티콘을 사용하지 않으면 화를 낼 만큼 자신의 감정을 커뮤니케이션에 담는 것에 익숙해져 있다. 디지털카메라와 MP3 등 다양한 디지털디바이스와 영상에 익숙한 블로그세대는 이모티콘, 플래시 동영상 등을 자체적으로 제작하여 서로 공유하기도 한다.

탈이념의 성격을 강하게 지닌 '나'세대는 실용적이며 실리적이다. 젊은 세대가 가지고 있는 실용적인 사고는 캠퍼스에서 잘 나타난다. 이들이 과목을 선택할 때 중요한 기준으로 생각하는 것은, 그 과목이 자신의 기호나 미래에 실질적으로 도움이 되느냐 하는 것이다. 동아리활동에 있어서도, 마술이나 댄스 등 개인적인 취향을 반영한 동아리들이 큰 인기를 끌고 있다. 요즘 젊은이들 사이에 유행처럼 번지고 있는 '리필족'은 젊은 세대의 실리적인 성향을 잘 보여주는 예이다. 리필족이란 패밀리 레스토랑에서 서비스로 한 개씩 주는 빵을 5~6개 정도 더 달라고 하고, 두 명이 가도 요리와 음료는 하나만 시키며, 그 음료를 계속 리필하여 마시는 사람들을 이르는 말이다. 이것이 바로 '아낄 것은 확실히 아끼자'라는 '나'세대의 독특한 절약 방법이다. 이 밖에 찜질방 할인권이나 음식점 할인권 등 각종 할인권을 적극적으로 활용하는 '쿠폰족'과 무료로 받는 화장품 샘플 등을 애용하는 '샘플족'도 같은 맥락으로 이해할 수 있다.

'나'세대는 세계화에 대해 개방적이며, 새롭고 다양한 문화에 대한 수용 능력도 상당히 높은 편이다. 이들은 글로벌시대에 활동 무대를 굳이 국내에 국한시킬 필요가 없다고 생각한다. 외국인에 대해 거리낌이 없으며, 외국인과 자유롭게 의사소통할 수 있는 실력을 갖춘 오늘의 젊은 세대에게 세계는 또 다른 기회로 등장한 것이다. 이들은 외국기업에서 인턴으로 일하거나 취업을 계획하기도 한다. 오늘의 젊은 세대는 봉사활동을 계획할 때 해외 문제에 높은 관심을 보인다는 것도 '나'세대의 글로벌인 성격을 잘 보여준다. 이들은 도움이 필요한 곳이라면 지역에 관계없이 적극적으로 나서며, 남들이 주목하지 않는 블루 오션을 개척하는 데에도 '나'세대는 주저하지 않는다. 블루 오션(푸른 바다)이란 수많은 경쟁자들로 우글거리는 레드오션과 상반되는 개념으로서, 매력적인 제품과 서비스를 통해 만들어진 자신만의 독특한 시장, 곧 싸우지 않고도 이길 수 있는 시장을 의미한다. '나'세대는 고정관념에서 벗어나 새로운 틈새를 찾고 자신만의 독특한 영역을 개척하는 블루 오션 전략(blue ocean strategy)을 구사하는 데 주저하지 않는다.

일보다는 개인의 삶과 여가활동, 개성 등을 중시하는 젊은 직장인들이 늘어나면서, '더피족' '다운시프트족' '네스팅족'과 같은 신조어들이 유행하기도 했다. 소득은 떨어지더라도 삶의 질을 높일 수 있는 일을 선호하는 '더피족(Depressed Urban Professional)'은 빠르게 살기보다는 느리게, 복잡하게 살기보다는 단순하게 사는 것이 삶의 모토다. 물질적인 풍요보다 느리고 여유 있는 삶을 중시하는 '다운시프트downshift족'과 사회적인 성공보다 단란한 가정을 중시하는 '네스팅족'도 젊은 세대의 변화된 직장관을 보여주고 있다. 이와 함께 꿈과 낭만이 있는 일이라면 매력을 느끼고 적극적으로 일하는 '뉴 하드 워커new hard worker'와 정보에 기반을 두고 영리하게 일하는 '스마트 워커smart worker', 지식정보시대를 주도하는 '골드칼라(상상력과 창의성으로 무장한 전문가)'도 요즘 젊은 세대 직장인들의 특징이라고 할 수 있다.

한편 오늘날의 젊은 세대는 사회진출을 위해 선배세대보다 훨씬 더 치열한 경쟁을 치러야 한다. 고도의 경제성장기에 젊은 시절을 보낸 선배세대의 경우에는 직장을 구하는 것이 그리 어려운 일은 아니었다. 그러나 장기적인 경기침체와 급격한 사회변화는 20대 젊은 세대에게 실업이라는 시련을 가져왔다. 20대의 태반이 백수라는 의미를 가진 '이태백'이라는 말이 등장한 지 이미 오래이며, 낙타가 바늘구멍을 통과하듯 좁은 취업문을 뚫은 사람을 지칭하는 '낙바족'이라는 말도 떠돌고 있다.

'공시폐인' '공시낭인' '공시촌' '공시커플' '공시족' 등 새로운 유행어의 등장도 취업난에 따른 젊은 세대의 직업관을 잘 보여준다. '공시족公試族'은 7·9급 공무원 채용시험이 행시, 사시, 외시처럼 어렵다는 이유에서 생겨난 말이다. 공무원 시험에 계속 탈락하는 사람을 가리켜 '공시낭인'이나 '공시폐인'이라고도 하며, 공무원시험학원 밀집지역은 '공시촌'이라고 불린다. 직업 선택의 제1순위로 안정성을 꼽는 '나'세대에게는 공무원, 교사, 공사 직원, 경찰 등 정년을 보장받는 직업들이 최고의 일자리다. 수년째 합격에 실패하고 떠도는 공시폐인, 공시낭인들이 양산되고 있는 상황에서도 '나'세대들은 '공시족'이 되려는 노력을 아끼지 않는다.

젊은 세대 이해해야

　지금 우리 사회는 혹독한 세대갈등을 겪고 있다고 해도 과언이 아니다. 세대갈등은 연령과 집단 간의 충돌이 이념과 가치관의 충돌과 중첩되어 일어나며, 사람들은 이러한 가치관의 격차에 곤혹스러워한다. 물론 모든 세대가 동일한 생각을 하고 있을 것이라 기대하기는 어렵다. 세상이 변하고 사람이 변함에 따라 생각도 변하는 것은 너무나 당연한 일이기 때문이다. 더욱이 우리 사회처럼 짧은 시간에 급격한 변화를 겪은 곳에서는 세대 간의 의식이 더 클 수밖에 없다. 그런데 지금처럼 세대갈등의 골이 깊어진 이유는 각 세대가 서로의 차이를 인정하려 들지 않았기 때문이다. 기성세대는 자신들이 이룩해 놓은 업적과 논리를 젊은 세대에게 강요하고 싶어 하고, 젊은 세대들은 이러한 기성세대의 강요를 고리타분한 것으로 여긴다.

젊은 세대에 대한 기성세대의 시각은 정반대에 있는 두 개의 시각으로 나누어져 있다. 하나는 '무엇 하나 제대로 하지 못하는 아이들'이라는 부정적인 시각이며 다른 하나는 '기성세대가 도저히 따라갈 수 없는 영역을 개척하는 세대'라는 긍정적인 시각이다. 문제는 이러한 두 가지 시각 모두 기성세대들이 젊은 세대를 '이해'하기보다는 '방관'하는 자세에서 비롯됐다는 데 있다. 젊은 세대의 부정적인 측면을 지적하기도 하고 긍정적인 측면을 북돋워주기도 해야 하는데, 정작 기성세대는 팔짱을 끼고 앉아 평가만 내리고 있었던 것이다. 젊은 세대의 특성은 그것이 긍정적이건 부정적이건 간에 기성세대와의 조화로운 관계 속에서 자라나야 한다. 그런 의미에서 젊은 세대를 제대로 알기 위한 기성세대의 노력이 절실하다고 하겠다.

오늘의 젊은 세대는 지금까지 한국사회를 이끌어왔던 어떤 세대보다도 편향적인 흡수나 배척에 휩쓸리지 않고 세계적인 흐름에 균형 있게 대처할 수 있는 세대이다. 그들은 기성세대가 가졌던 열등생의 소모전 대신 가장 한국다운 모습을 세계에 심어줄 수 있는 역량을 가지고 있다. 젊은 패기와 열정을 다양한 분야에 쏟아 붓고 있는 젊은 세대는 '희망의 세대'라고도 불릴 수 있다. 이들은 한국사회를 갈등과 분열의 구조가 아닌 통합의 구조로 이해하고 있기 때문이며, 우리 사회를 긍정적으로 평가하면서 미래를 낙관적으로 전망하고 있기 때문이다. 한국사회의 21세기가 이들에게 달려 있다는 인식은 이러한 점에서 기인한 것이다.

무엇보다도 기성세대는 젊은 세대를 이해하기 위한 다양한 노력을 보여야 하고, 젊은이들의 사고와 행동을 탓하기에 앞서 젊은 세대의 저항과 도전에 의해 기성세대의 실책이 들추어지고 있다는 점을 인식해야 할 것이다. 아울러 기성세대는 현대 사회의 문화는 과거와 다르다는 점과 새로운 문화의 담당자는 그들 자신이 아니라 새로운 세대라는 점을 인정해야 한다.

기성세대가 젊은 세대의 창조적 가치를 적극적으로 받아들이는 포용력 있고 열린 자세를 갖고 그들과 적극적으로 만날 때에만, 젊은 세대에 대한 모든 편향된 평가와 논의들이 사라질 것이다. 이와 함께 젊은 세대의 문제는 더 이상 그들만의 문제가 아닌, 하나의 사회적 현실이라는 인식을 갖는 것이 중요하다. 세대론을 강조하고 분파적 갈라놓기를 조장하기보다는, 세대 간에 서로의 창조적 자의식을 북돋우면서 포용력 있는 공감대를 만들어가는 일이 훨씬 중요하기 때문이다.

주

1) 한국사회학회,『한국사회의 세대문제』, 나남, 1990.
2) 정근원, "영상세대의 출현과 인식론의 혁명",『시사저널』, 1994.5.5.
3) 박재홍,「신세대의 일상적 의식과 하위문화에 관한 질적 연구」, 『한국사회학』29, 1995.
4) 한현우·이동혁, "신세대 나홀로 문화",『주간조선』, 1998.7.30.
5) 권태호, "세상이 가벼운 비트 세대",『한겨레 21』, 1997. 5.20.
6) 김창우 외, "신세대 신병영",「조선일보」, 2001.11.14.
7) 조용준, "신세대, 그들이 말하기 시작했다",『시사저널』, 1994.5.5.
8) 현대경제연구원,『R세대 새로운 축으로』, 현대경제연구원보고서, 2002.
9) 제일기획,『한국 변화의 태풍-'젊은 그들'을 말한다』, 2003.
10) 이선이, "N세대, 그들은 누구인가", http://www.madang21.or.kr/edu/9907/tuk2/tuik0722.htm.
11) 이상일, "포스트 386",「중앙일보」, 2004.10.4.
12) 제일기획,「포스트디지털 세대를 주목하라」, 2005.
13) 조의준, "사회학자들이 보는 20대",「조선일보」, 2005.5.16.

20대의 정체성

| 펴낸날 | 초판 1쇄 2006년 5월 31일 |
| | 초판 2쇄 2011년 10월 12일 |

지은이	정성호
펴낸이	심만수
펴낸곳	(주)살림출판사
출판등록	1989년 11월 1일 제9-210호

경기도 파주시 문발동 522-1
전화 031)955-1350   팩스 031)955-1355
기획·편집 031)955-1395
http://www.sallimbooks.com
book@sallimbooks.com

ISBN   978-89-522-0517-9   04080